続 発達の芽をみつめて

かけがえのない「こころのストーリー」

近藤直子

全障研出版部

序にかえて

うしろすがたの　まぶしさは春

郁夫

「お母ちゃんは、発達しない心理学者でしょう!?」

これは前著『発達の芽をみつめて』の冒頭の文章です。六歳だった息子暁夫が、発達心理学専攻の私を「発達しない心理学者」、教育学専攻の夫を「ウソ学者」と呼びビックリさせたのは、もう二二年も前のことになります。

『発達の芽をみつめて』を出版したのは一九八九年でしたが、その後毎年のように増刷を重ね、多くの方に読んでいただいてきました。でも振り返ってみると、一九八九年に生まれた子どもたちが、大学に入学してくるようになっているのです。月日がたつのは早いものですが、その間に私は「そんなことないで、お母ちゃんは発達してるでぇ」と暁夫に言えるような日々を送ってきたでしょうか。

前著を書いたのは、大学の在外研修を活用して保育所に通っては一歳児を観察していた一九八八年でした。発達心理学者らしく、子どもを観察しデータをとり分析していた日々の中で、子どもの発達について考えていました。息子も小学校低学年で、生活と仲間を広げて充実した日々を送っていました。だから発達心理学者らしく、子どもの発達研究を中心に据えてものを考えて本を書いたように思います。

ところがその後の二〇年余りは、「発達しない心理学者」どころか「発達研究をしない心理学者」として生きてきました。私が発達心理学を専門にしたのは、障害のある乳幼児のこころを理解したい、彼らの発達を保障したい、という願いからでした。だから一九七三年以来、大学院で学んでいた間も、そして日本福祉大学に就職してからも、一貫して保健所で一八か月児健診後の発達相談を担当し、障害があると思われる子どもたちと関わりつづけてきました。しかし、障害があると思われる子どもたちを発見しても、その子たちが生き生きと通える場が広がっていかなければ、ただ子どもにレッテルを貼っているだけにすぎないのではと思えてイヤになったこともありました。発達心理学を研究している人たちが、健診とその後のフォローを通して子どもの障害の兆候に関して研究している論文を読んでも、心理職がフォローするよりも地域に通える場を築く方が子どもや父母の力になるのではと思い、心理学研究に嫌気がさすこともありました。子どもの発達過程をていねいに追っていくことはとても楽しいワクワクする体験なのですが、一人ひとりの親子に充実した日々を保障することの方がもっとステキではと思えて、心理学研究者としての自分の道に迷う日々もありました。

そんな私に転機が訪れたのは『発達の芽をみつめて』が出版された一九八九年の夏だったと思います。全国障害者問題研究会が全国の障害乳幼児施策の実態を調査することを計画し、実態調査の実行委員会の責任者を任されたのです。そのことを機に、地元愛知でも調査実行委員会を結成し調査に協力するとともに、障害乳幼児の関係者が共同で学習交流するという機運が高まり、それまで以上に保育者や通園施設関係者との関係が深まり、障害者運動や保育運動にのめり込むようになりました。またこの調査を通して、全国の自治体の療育格差もまざまざと見せつけられ、真に一人ひとりの親子を護《まも》るためには、実践を充実させるだけでなく日本中どこに生まれても充実した療育が保障されるような制度や仕組みを築かなくては、子どもが幼い時期の父母が声を上げにくいからこそ障害乳幼児と関わる関係者がしっかりと手をつないで運動を展開しなくては、と気持ちが高揚していきました。

たぶん発達心理学者としては横道にそれたことになるのでしょうが、障害児のこころを理解したいと発達心理学を学んだ初心からすれば、「障害児とその父母のため」にという思いはより発展したのだと思っています。だから職場でも、学生たちと障害者問題を学ぶサークルをつくったり、学生たちが志を高くもてるような大学でありつづけてほしいと学生部長や教職員組合委員長を歴任し、忙しく過ごしてきました。そして現在は、新たな制度や仕組みを築くうえでは、厚生労働省の人たちをはじめとする行政関係者に、子どもの発達や親の思いを実感してもらえるようなデータを提供することが必要だということもよくわかってきました。そんな視点から研究者としての力を生かせたらと最近は思っています。

研究者としての方向転換はもとより、この二〇年あまりの間は、私生活においても人間の生きていく意味を感じさせられるドラマのあった日々でした。幼いときから葛藤を抱えてきた母が亡くなり、介護を必要とした父も亡くなり、そして結婚三五周年を迎えた夫がガンとの三年半の闘いの末に六一歳で人生を終えてしまいました。子どもが発達することはもとより、大人の発達とは？　アルツハイマーになった父の発達とは？　人間が生きて死ぬということの意味は？　といろいろと学ばされ、「私なりに発達してきた」と思うのですが、夫のように病に向き合い『般若心経』や『歎異抄』を読むほどには枯れてはいませんし、悟りも開いていません。

でも五〇代終わりの今だから考えられる人間の発達の本質があるのではないかと思い、結婚三五周年の記念に『続　発達の芽をみつめて』をまとめてみました。夫の存命中に書き上げることはできませんでしたが、この本を読んだあなたにとって、自分と親とそして伴侶や子どものことを見直してみる糧となることを祈っています。

二〇〇九年三月

目次

序にかえて　3

1章　こころの発達と向き合って　11
1　「私のこころ」との出会い　12
2　障害のある乳幼児のこころとの出会い　20
3　お母さんたちに鍛えられて　26
4　生きることと発達と　34

2章　発達とは、かけがえのない私を築くこと　41
1　「できるようになること」が発達なの？　42
2　「できるようになっていく」過程において大切なこと　45
3　かけがえのないストーリーとしての「私のこころ」　52

4　マイナスを含む過程としての発達　61
5　父母も私たちも自己を肯定したいと願っている　65

3章　私たちのこころの発達　73

1　こころの発達のプロセスは共通なの？　74
2　大人が大好き――だから世界にこころを向ける乳児期の世界　77
3　大人のしていることを取り入れたい幼児期前半期――「できるようになる」私へ　86
4　まわりと新たな関係を築きたい幼児期後半期――仲間とともに輝く主人公に　99
5　大きさという価値を求める学童期――大人とも仲間とも新たな関係に入って　108
6　迷いながらも人生の方向性を模索する青年期――大人との距離をコントロールしつつ　116
7　役割を生きる――次世代を育成する成人期　122
8　人生の集大成に向けて――老いと死に向き合う高齢期　127

4章　発達を保障するために　133

1　発達の可能性が見えてきましたか？　134
2　発達は生活を通して具体化していく　136

3　生活を豊かにする活動を保障して　143
4　地域を変革する見通しをもって　147
おわりに　153

カバー写真＝近藤郁夫「雨に咲くイチリンソウ」
カバー・本文イラスト＝圓尾恵子

1章　こころの発達と向き合って

雨を視る　笑いたくない日は　郁夫

1 「私のこころ」との出会い

「みなさんはいったい何歳ごろのことから覚えているでしょうか。三歳、五歳、それとも小学生になってからのこと？」

この問いを毎年入学してきた一年生にしていますが、三歳と小学生と答える人が少数いて、多くは五歳ごろのことから覚えているようです。私の記憶は？　三歳ごろのことを断片的に覚えています。縁日のにぎわい。姉と石けりをして遊んだこと。母が内職で忙しい間、お隣のおばあちゃんの家でラジオの「昼の憩い」を聞いていたこと。楽しかったことの断片が思い起こせば浮かんできます。

しかし、幼いときのことで最も鮮明に残っているのは五歳のときの記憶です。その記憶は私の自己形成の旅にとって大きな意味をもっていたのだと、六〇歳近くなった今でも感じています。

私は東京で生まれて、小学校に入学する一週間前に大阪に引っ越し、大学生になるまで大阪で暮らしました。三歳上の姉と二歳半離れた妹がいます。私が三歳のときに姉が結核性の関節炎にかかり、一年間ギプスをはめて生活していました。生まれたばかりの妹と、ギプスをはめた姉を抱えて、母は生活に精一杯だったようです。「あなたが一番役に立ったから、いろいろなことを手伝ってもらったけど、考えてみたら、三歳ってこんなに小さいのよねぇ」と、私の息子が三歳になったとき、母は話してくれました。銭湯へ行くときも、母は妹を背負い、姉を乳母車に乗せ、そしてその後を私が洗面器を下げて歩く。こうしたことはほとんど覚えていないのですが、私一人だけが母の後ろを歩くという行動の仕方は青年期になるまで続きました。

さて五歳のときの記憶ですが、その一つは、父の友人一家と潮干狩りに行ったときのことです。私と母は別々にトイレに入ったのですが、私がトイレから出てきたら、そこには誰も待っていなかったのです。そのとき私は「捨てられた」と思いました。何とか母を見つけようと捜し歩いたのですが、その道は、みんなが行ったのとは反対方向で、歩けど歩けど見つからず、「やっぱり捨てられたんだ」と涙が次つぎに込み上げてきました。もちろん大人たちは必死になって捜してくれたのですが、ショックが大きかったらしく、翌日保育園で熱を出し、保育士さんに背負われて家に帰ったぐらいでした。母は妹と姉を連れ、私はその後を一人で歩くという毎日の姿が、「捨てられた」という思いにつながったのでしょう。小学校に入学して以降も、どこに行くときも私だけ一人後ろから歩くという行動の仕方が続き、デパートで何回か迷子にもなりました。母に甘えたいのだけれど素直に甘えられず、「私は母に愛されていない」という思いを心にため込んでいきました。妹が母の膝に乗っているときに「みよちゃんだけずるい」と言ってみたこともありました。母が妹を下ろすと「お母さんはみよちゃんがかわいくないの?」と妹が甘え、すると「かわいそうだから」とまた妹を膝に乗せるのです。「私はかわいそうではないの?」「私も抱いて」と素直に言えないからこそますますひがんでしまい、朝方に母の布団に入って甘えに行く妹が許せず、子ども部屋のある二階から母のいる一階へ下りようとする妹を階段から突き落としたこともありました。母は私の行動には悩みつつも、私のつらさを理解してはくれませんでした。ひどい偏食、中学二年生まで続いた夜尿、今も続く爪かみ、そして五〇年経っても妹に恨まれている何度かの妹への暴力的な仕打ち。次つぎと問題を起こしていました。今こうして書いていても涙がにじんでくるほど、私にとってはつらい体験だったのです。

もう一つの記憶は、家族で映画を見に行ったときのものです。どういう経過でそうなったのかわからないのですが、途上、どの映画を観るかで父母の意見が分かれてしまいました。結局それぞれが見たい映画を観ることになり、子どもたちもどちらかについて行くことになりました。姉と妹は、もちろん母と一緒に行くことになりました。そのとき私は「お父さん一人でかわいそう」と思い、父について行きました。映画は私にはわからないもので、ほとんど眠っていたのですが、「お父さん一人でかわいそう」という気持ちは今も鮮やかに覚えています。母の両側に姉と妹が手をつないで歩き、私は一人で後ろをついて行く。そんな自分と父を重ね合わせ、父について行ったのだと思います。

自分は他の人とは違うさびしさを抱えているという思いは、その後もずっと私をおおいつづけ、友人と深く交わることを阻んできました。成績がよかった私は、先生方やまわりの大人からは勉強のできる積極的な子と評価され、児童会や生徒会の活動にも取り組んでいたのですが、「母に愛されていない」という孤独感はどうしようもなく、家では荒れつづけ、母の心を痛めさせていたようです。女の子同士の噂話やトイレまでも連れ添って行くつきあいにはなじめず、表面的なつきあいに終わっていました。「つらいこと、悲しいこと」は飼い犬にだけそっと語っていました。いつも首を傾けて聴いてくれる犬が私にとってのカウンセラーだったのです。そんな私でしたから、小学二年生で初めて自分で自分の首を締めて自殺を試みました。小学六年生のときに、首を吊っている自分の姿を自分で眺めている夢を見てからは、どうすれば醜くなく死ねるのかをずっと考えていました。

だから「私のこころ」を理解したくて、京都大学の教育学部に入学したのです。その後偶然、障害幼児と関わるようになって、障害児との出会いに大きなインパクトを受けて発達心理学へと関心が移り今にいたっているのですが、だから五歳のときの記憶が私のその後を束縛し、つらいものとしたと言えるとともに、私に障害児とのステキな出会いを保障してくれたとも言えるのだと、『発達の芽をみつめて』で書きました。

でも実はそんなに簡単なものでもなかったのです。二三歳で結婚し新たな家庭を築き、息子を産んで育てていた間は母との葛藤もほとんど意識せずに暮らしていたのですが、母が一九九八年に亡くなるまでの数か月間、姉と妹が母の両側について私が父について行くという家族の関係は、結局何ら変化していないことに気づかされたときは愕然としました。母はS字結腸ガンが肺に転移し「余命三か月」という告知を受けた後、「痛みの軽減」のためにモルヒネを大量投与しつつ、葬儀の形式や遺産の扱いまで自分で決め、「死ぬまでに会いたい」と予定していた人全員に会った翌日に亡くなるという、母らしい最期を迎えました。闘病には妹の家の近くの病院で介護休暇を取得した姉が付き添い、母が亡くなったときの葬儀や相続などの手続きもすべて母と姉と妹で相談できていて、私は結果を知らされただけでした。葬儀の後、母のヨガ教室の教え子さんから「あなたが二番目のお嬢さんですか。あなたが本（『発達の芽をみつめて』）に書いたことを読んで先生は泣いておられましたよ」と聞かされたことも含めて、私は母と大切なことを何ら話してこなかったことをあらためて実感させられました。「私を愛してた？」「私をギュッと抱きしめてほしかった」、このことがずっと言えないままに結局母を失ってしまったのです。だからその後しばらくは、母を大声で罵倒したり、母を押さえつけたりするという、かなりシビアな夢を見つづけました。乗り越えたはずのストーリーが、強烈なきっかけがあるとまた思い起こされるのだということを実感させられました。しばらくすると日常生活の中でまた忘れ去られるストーリーなのですが、それでも何かドロドロとしたものが心の奥底に残っている。人間のこころってやっかいですよね。

一方、一九九五年にアルツハイマーと診断された父の月一回の診察への付き添いや、ケアハウスから老人保健施設、そして特別養護老人ホームへの移動手続きもすべて私がしました。母が亡くなった一年後に父は、母が亡くなったことも知らないままに、故郷の風景に似た松林に囲まれた滋賀県の特別養護老人ホームに入所しました。誤嚥による肺炎で二〇〇五年に亡くなるまで、認知症が進行したせいもあるかもしれませんが、被害妄想も和らぎ穏やかに暮らしていました。毎月夫とともに訪問すると笑顔で迎えてくれた父。亡くなった後の諸手続きももちろん私がしました。「父とは関わりたくない」というのが姉と妹の意向だったからです。姉や妹にとっては「イヤな父」だったのかもしれませんが、私のために犬嫌いの母の反対を押し切って犬をもらってきてくれたことや、中学生まで日曜日には父の布団の中で一緒にお相撲を見ていたことなど、父が「さびしかった」私のこころの支えになってくれていたのだと感謝しています。

姉や妹の青年期の人生ドラマや私の結婚と子育て、いくつかのドラマをくぐっても、我が家の家族関係の基本は結局五歳のときから何ら変わっていなかったのです。旧満州（中国東北部）の裕福な家庭で育った母が、いとこである父と婚約させられたのはわずか一一歳のとき。姉妹だったそれぞれの母親同士の決めた約束でした。わずか一一歳で何のためか理由も知らされぬままに一年間満州から香川の父の家へと花嫁修行に一人で行かされて、そしてもっと勉強したかったのに一八歳で父と結婚させられ、母のこころの中にも多くのことがくすぶっていたのだと思います。姉が五年生、妹はまだ幼稚園の年長だったときに、通信教育で大学へ入り、夏休みの四二日間を東京でのスクーリングのために家を空けるという「今でも驚かれるようなこと」をした母です。いつも勉強していた母でした。通学課程と通信課程の学生を通してトップの成績で卒業した母です。そしてその後別の大学に編入し、結局、通信教育で大学を二つ卒業しました。満たされなかった何かをもっていた母。世代を越えて「こころの問題」が連鎖していくことが虐待がらみで語られますが、家族のこころのドラマは脚色編集されながら伝わっていくのでしょう。

妹が生まれるまでは、きっと私は母に愛されていたのだと思います。私の幼いときのことは、「人見知りがひどくて、来客があると（六畳一間の家なので）押し入れに入り込んでお客さまが帰るまで出てこなかった」「買い物に出て気に食わないことがあると座り込み、そんなら置いてくわよとどんどん歩いて行ってもついてこず、心配になって見に行くとそのままずっと座り込んでいる頑固な子だった」と、育てにくい子だったことは聞かされています。でも、本当にそうだったのかまったく記憶にありません。そしてその後の私はどうだったのか、私が覚えている以上には母からは語ってもらえていないように感じています。母から見たり姉や妹から見たら、家族のストーリーはまったく違うのかもしれません。でも大切なのは、それぞれのこころに刻まれたストーリーなのです。記憶にはない三歳までの時期のストーリーではなく、こころに刻まれたそれぞれのストーリーが土台となり、その後のできごとも基本ストーリーの中に編集され増幅されながら、一人ひとりのこころを形成していきます。だから私たちは、子どもが「何ができるのか」よりも、子どものこころにどのようなストーリーが形づくられているのか、一人ひとりのストーリーがものように生み出され編集されていくのかに関心を向けねばならないのです。

父も母も亡くなって数年が経過し、私のこころのストーリーは父母の思い出からかなり自由になり、最近は二人の夢もまったく見なくなっていました。それなのに夫が亡くなったらまた、母をどなりつけている夢を見てしまいました。死というつらいできごとが、私のこころのつらいストーリーを思い起こさせるのです。父は子ども時代の松林の思い出の中で安定したのですが、私も高齢期を迎え自らの死と向き合うようになったとき、子どものときの記憶の中に呼び戻されるのかもしれません。そうだとしたら、私は父とは違い、さびしい、悲しい思いをしなくてはならなくなるのでしょうか。もう少し違ったストーリーの中で最期を迎えることができるように、あらためて自分のこころを見つめ直してみたいと思っています。

2　障害のある乳幼児のこころとの出会い

みんなとは違う自分、こんなにも苦しく悩んでいる自分、自分のことを知りたいというのが心理学を学ぼうと思ったきっかけでした。心理学を志す学生の中には私と同じように「自分を知りたい」という思いの学生がいます。でも心理学を学んでも自分のこころは楽になるわけではありません。特に私が一九六九年に入学した京都大学は大学紛争の真っ只中にあり、大学の授業はまともに行われてはいませんでした。大雪に見舞われた入学試験も学内では実施できず岡崎の予備校が会場でしたが、早朝に火炎瓶が投げ込まれたため機動隊に護られての入試でした。そんなでしたから入学式は四分で〝粉砕〟されてしまいました。授業は半年間行われず、私の苦しみは増大する一方でした。こころはさびしくても、勉強のできる積極的な子という「役割をもつ」ことで何とかバランスをとってきたのが、

「役割のもちよう」がなくなってしまったからです。母の教科書をもらってドイツ語を勉強してみたり、もともと好きだった絵の通信教育を受け始めたりしてみても不安は拡大する一方で、買い物にも出られなくなり、大学をやめたいとばかり思っていました。大学の授業が再開されても、「教養部五千名」という大規模な人びとの中で自分の身の置場や役割が見えるはずもなく、さらには政治的立場が問われることを考えるとても登校することはできませんでした。しばらくして教育学部のクラス単位で実施される「英語」には少しずつ参加できるようになり、二年時には「心理学の実験・実習」を手がかりとして大学に出られる日が増えていきました。「心理学実験・実習」は学習としてはおもしろく、よい成績ももらえましたが、それでも心の不安はとれず、まわりの人に溶け込めない自分にしんどくなっていました。

そんな私に転機が訪れたのは三年生の六月でした。当時は重度な障害があると小学校すら入れてもらえない時代でした。養護学校（現特別支援学校）も数が少なく、将来職業的に自立しうる子どもだけを対象としていました。「どんなに障害が重くても発達の可能性を有している」「どんなに障害が重くても教育を受ける権利がある」と、「不就学をなくす運動」が全国的に展開されていた時期でした。私の同級生も多くがそうした時代の波を受けて障害児関係のボランティア活動に関わっていました。そんな中の一人が、しつこく誘いをかけてきたのです。当時の私は障害児に何の関心もありませんでした。そもそも子ども自体が大嫌いでした。傍若無人に大声を上げ、私のしんどいこころをざわつかせる存在だったからです。だから家に誘いの電話をかけて来られるのがイヤだ（私は今でも電話が嫌いです）というのが主な理由で、義理で一回だけと思って参加したのがきっかけで、それ以来ずーっと障害のある乳幼児と関わりつづけています。

最初に私が関わったのは、三歳児健診で発見された障害児と母親のために、大阪府の保健所が実施していた「幼児教室」でした。母親たちのグループワークを保健師と精神衛生相談員が担当し、子どもたちの相手を市の家庭児童相談員と大学生ボランティアが担当していました。障害が重いと学校にも入れなかった時代ですから、幼児期に通える療育の場はほとんどありませんでした。保育所も幼稚園も面接で障害があるとわかると「入園お断り」となっていました。だから四歳・五歳の障害児が主に通っていた教室です。とにかくショックでした。パンツの中にウンコをぶら下げたまま走り回っている子。まわりの子に唾を吐きかける子。放っておくと頭をずっと床に打ちつけている子。何をどうしてよいかまったくわからず立ち尽くすしかないような子どもたちでした。床に頭を打ちつけている子はさすがに痛そうで見ていられません。痛いだろうからと彼の頭と床の間に手を差し込むと、歩くことができないため座ったまま横にずって、わざわざ私の手のないところで頭を床に打ちつけるのです。頭の前面の毛がすり減り、こぶになっているのに頭を打ちつけつづける彼。なぜ？　どうして？　何がしてほしいの？

私のしんどいこころは誰もわからない、私だけが人と違っている、という思いにとらわれていた私が、彼の心を理解したいとこころから願っているのです。愛されていないとこころを閉ざし、しんどい思いをしていた私が、何とかしてこの子の気持ちを理解したいと願っている。そのことが私のこころを動かしたのだと思います。彼らと一緒にいたいという思いから、大学を卒業するまでずっと「教室」に通いつづけました。心理学を学ぶことよりも彼らとともにいることで私のこころはずっと軽くなり、また彼らが変化していくことが楽しく、彼らのこころを理解できるような心理学の学びをしたいと、自らが学びの主人公になっていきました。授業で学ぶというよりは、大学院生との勉強会や同級生との発達心理学の読書会に積極的に参加するようになり、勉強会で今の夫に見初められたりと新たな出会いも体験しました。そしてこの子たちが安心して通える施設をつくらなくては、この子たちが学校に入学できるようにしなくてはと、児童福祉法や学校教育法も学習するようになり、障害者運動にも関わるようになりました。母は「障害児のおかげで直子が落ち着いた」と教室の活動を支援してくれるようになるほど喜んでくれました。

自分の内側に向かっていたこころのエネルギーが、「幼児教室」の活動という「役割」

を得て外に向かいだしたということなのかもしれません。しかし高校までのように「勉強ができる積極的な子」という役割とは違って、自分が楽しく自分がしたいと思えることが見つかった喜びは、自分のしんどさを忘れさせ、母に愛されているかどうかという長く束縛していた思いからは解き放たれました。家族との生活よりも子どもたちとの生活の方が私の中でのウェイトが大きくなり、彼らのことを考えることが増え、家を出て下宿することにもなりました。

この子の思いを理解したい。床に頭を打ちつけていたたっちゃんは、痛いだろうからと私が乗せたトランポリンの上でも頭を打ちつけていましたが、トランポリンを揺さぶって遊んでいるうちに、跳ばせてもらうおもしろさを発見したのか、ある日私に向かって「跳ばせてよ」というように手をさしのべてきました。たっちゃんが初めて要求を表現したのです。感激で涙が出てきました。私が子どもを理解しようと取り組めば子どもは応えてくれるのです。私が子どもを愛せば子どもは応えてくれるのです。ブランコ、プールと彼はともに楽しむ活動を広げ、仲間の後を追って歩き始め、さらには走るようにまでなりました。座り込むと頭を打つし、草を食べてしまったりするけれど、仲間の存在をこころの中に感じていること、楽しめる活動を要求するようになったこと、たっちゃんが変わったと実感できました。子どもは変わる、子どもとともに私も変われる、そう感じさせてくれた日々でした。

なぜあんなにも子どもたちに惹《ひ》かれたのでしょうか？　「私のさびしさは誰にもわからない」と思っていたから、たっちゃんのもどかしさやつらさに惹かれたのかもしれません。わかってもらえないから床に頭を打ちつづけるしかなかったたたっちゃん。本当はもっともっと楽しいことを味わいたいのに、そのことを伝える術をもたないたっちゃん。ことばも知恵も十分にもっていても、本当の気持ちを伝えることができない私。人間はみな、一人ひとりのこころの世界、小宇宙をもっています。一人ひとりのこころの中に紡いできたストーリーをもっています。しかし、人間として「わかってほしい」「愛してほしい」という共通の思いをもっているから、そしてその思いに敏感な者同士が出会ったから、何かが響き合ったのかもしれません。つらい思いをしてきたから感じられるものもある。自分の育ちを肯定できたかけがえのない出会いでした。人生にとってある時期マイナスに感じられたものも、条件によってはプラスに作用することがある。マイナスも含めて自分の可能性なのだと幸せな気持ちになったのです。「発達の弁証法」という用語を学んだのもちょうどこの時期でした。

3 お母さんたちに鍛えられて

障害のある子どもたち、中でもことばをもたず自分の思いをことばでは表現できない子どもたちの「ことばにならない思いを理解したい」ということが、発達心理学を学ぶ動機でした。一九七〇年代の初めの発達心理学は、子どもの内面よりも能力や技術の発達に焦点を当てていました。障害児の発達に関する研究は、障害児が障害のない子とどう違っているかを明らかにすることを重視し、障害児の内面は問題にもされていないというのが実感でした。臨床心理学の分野では障害児の遊戯療法が行われていましたが、子どもの行動に対する解釈が大人の思いを反映させた思い込みのようにも感じられました。

そんなときに田中昌人氏が創刊間もない『みんなのねがい』誌に連載していた「発達保障の道を力強く歩もう」を読み、「そうだ、子どもたちはこうなんだよね」と、生活の中での子どもたちの姿や、取り組みの中での子どもたちの姿が語られていることに共感しました。子どもたちはことばはなくてもいろいろなことを感じているし、私たちが彼らの行動の中に変わろうとする兆しを見つけていけば、確実に応えて変わっていってくれる。そのことが発達なのだと確信していきました。

子どもたちはたった週一日の療育でもおもしろいように変わっていきました。府営住宅の五階にあるお宅を家庭訪問したら、四歳の男の子がめったに来ないお客さんに興奮したのか、走り回るだけでなく、水屋からお皿を取り出して私の方に投げつけてきました。お母さんが「やめなさい！」と力ずくで止めたら、「キェーッ！」と叫んで自分の髪を引っぱり、引き抜いた後から血がにじんでいるのを見て、「これは何とかしなくては」とお母さんを説得して「教室」に通ってもらいました。家とは違って思い通りに走り回れることや、トランポリンで跳べることがよかったのか、家庭では落ち着いてきて、教室でも箱積木を使うなど、走り回るだけでないオモチャを使った活動が増えてきました。子どもは自分の好きなことを大切にされると世界を広げていくのです。そしてお母さんたちは「たった週一回なのに、なぜ教室に通う日だとわかるのか、朝から玄関で待っている」と不思議がるほど子どもたちは楽しみにしてくれました。楽しみにしているから自分のことも前向きに取り組む姿が出てきて、生活にメリハリができたのです。そして最初は仲間と活動する場から逃げていた子も、日々ともに過ごす中で、仲間のしていることを見たり、後を追ったりと世界を広げていきました。通う場ができるだけで子どもは変わるのです。そこが子どもたちの好きなことを大切にしてくれる場であれば。生活の中で子どもは発達するという大原則を私は「教室」で学びました。

通う場があるから子どもが変わることは父母の確信でもありました。子どもの発達の事実は何よりも親を動かします。ボランティアとして通っていた「教室」は、三年生の途中で「市の事業とすべきだから」と保健所事業から外され、実施場所を捜さざるを得なくなりました。体育館を使うなど不便な状況での療育となりましたが、父母は我が子のためにと、療育の場を求めて署名を集めたり、対市交渉も取り組み、四年生になったときには週三回の療育を、肢体不自由児通園施設を借りて運営するところまで充実させることができました。親たちの我が子を愛するパワーのすごさに、親というもののすばらしさを初めて実感させられました。私は嘱託指導員として給与をもらい、大学よりも「教室」の方がメインという生活を送り、卒論も「教室」で作成しました。父母は私の卒業と同時に「教室」を大阪府の認可通園施設とするところまでこぎつけたのですが、夏にトランポリンでぎっくり腰になり、医師からは「無理をしたら腰がダメになる」と言われ、通園施設の指導員になることを諦めて、「障害児の療育に取り組む人を育てる仕事をしたら」という友人たちの勧めでしかたなく大学院に進学しました。

大学院に進学してからも障害児と関わりたいと、大学の相談室に訪れる自閉症児の遊戯療法を積極的に担当するとともに、保健所の発達相談の仕事を始めました。先輩から誘われて何をする仕事なのかもよくわからないままに、当時試行的に大阪府が実施していた一八か月健診後の発達相談を担当したのです。私が相談を受けるのは主に二歳児でした。やっと大阪府に障害児の通園施設ができ、四、五歳児が通い始めたばかりの時期でしたから、「自閉症かな？」という子どもを見つけても通う場はありません。だから主に母親に対して家庭で取り組むべきことを指導するという相談になってしまいました。「もう少し早く起こした方がええよ」と言って「あんたみたいな子どももいないもんにえらそうなこと言われたくないわ！」と叱られたこともありました。母親に「障害があるだろう」と告げて泣き出され、その日は帰宅してからも「あのお母さん、踏み切りで飛び込んだりしてへんやろうなぁ」と心配で、翌朝保健師さんに電話で家庭訪問を頼んだりもしました。

「幼児教室」では子どもが変わる姿を「お便り」で伝え、子どもの発達や障害に関して父母と学習会をし、さらには子どもたちのためにと法律や制度も学習し、署名も対市交渉も父母と取り組み、子どもが変われば親は変わることを実感していました。中学卒・高校卒の母親たちからは、「あんた、京大生なんやからもっとわかりやすく説明してよ」と注文も出されながら、自分なりに工夫して「わかりやすい資料をつくる」こと「わかりやすく話す」ことを努めていたのですが、「教室」のように日々つきあうわけではない父母に、「相談の場」という限られた時間に何を伝えていくことが子どものためになるのか、プロらしいことを言わなくてはというプレッシャーで、最初は三五年も続ける仕事になるとは思ってもいませんでした。大阪のおばちゃんたちの奇譚《きたん》のないことばにも傷つきかかっていました。並行して取り組んでいた保育所の長時間保育のアルバイトの方が、子どもたちと関われて楽しい仕事でした。でも発達相談をずーっと続けているのですよね。

　続ける気持ちを固めさせてくれたのは一人のお母さんです。私が最初に会ったときには三歳になっていたやっちゃんは、多動で放っておくと服も脱ぎ捨てて走り回るような子でした。どう見ても大変。三歳を過ぎていたので、近くの市の通園施設に措置するのが妥当だと思い、保健師さんとも方針が一致したので、保健師が付き添って児童相談所や福祉事務所に手続きして、通園施設に措置されることになったのです。ところがお母さんは通園バスに間に合うようにバス停に子どもを連れて来ないのです。何度かそうしたことがあった後に、施設から保健師に連絡があり、お母さんを保健所に呼び出しました。母子家庭で夜のお仕事をしているお母さんなので午後に面接をしました。「通えば楽になるし、やっちゃんも変わるから」と言うと、「はい、わかりました」と言うのですが、やはり朝連れて行くことができません。夜のやっちゃんは、お母さんの職場の託児所で託児のおばさんの背に括《くく》りつけられているのだとか。おばさんだって大変だし、そのうちお母さんの職も危うくなるかもしれません。保健師も私も口を酸っぱくして説明してもダメ。ある日保健所で保健師と私が「あのお母さんはダメやで」と話していたら、それを聞きつけた障害児のお母さんが、「夜の仕事をしてたら朝早く起こすのは大変やで」と、自分たちでローテーションを組んで、朝、やっちゃんの家へやっちゃんを迎えに行って、食事をさせて自分の子とともにバス停に送り出すというすごいことをしてくれたのです。お母さんたちの援助でやっちゃんのお母さんも、朝起きて食事をさせてバス停に連れて行ってからまた休むという生活リズムに切り換えていかれました。

心理職の「相談」なんてたかが知れている。それが私の実感です。人を変えるのは生活に根ざした援助。「教室」の子どもたちだって、親の優しいことばで変わったのではありません。「教室」に通うという生活の変化の中で、自分に合った活動を楽しめて、仲間に目が向くようになって変わっていったのです。大人も生活が変われば変わりうる。心がけで変わるのでなく、生活の現実を通して変わっていくことが発達なのだと、あらためて実感させられました。

だからそれ以降は、相談に乗ること以上に、障害児が通える場を早期から保障するにはどうしたらよいのかを考えるようになりました。心理学者として障害の見立てに力を入れるよりも、子どもと親が可能性を開花させることのできる条件をつくることが発達保障の道筋なのだと、保健師さんはもとより児童相談所や保育所・幼稚園の先生たちなど関係している人たちとの学習会を重視するようになりました。みんなが子どもの通える場が必要だと考えれば、親子の通える場ができるわけです。障害があるかどうかを厳密に判断するのは、通える場が限定されているからです。親子が楽しく通えて変わることのできる場が身近にあるのならば、障害か否かではなく必要としているか否かが相談の基準になります。大阪の保健所で働いていた間も、学習会でいろいろな方とお知り合いになりました。名古屋に引っ越してきて名古屋の保健所で働くようになってからは、全障研の活動を通して、保健師さん、通園施設や保育所の職員と学習を深め、システムづくりに取り組んできました。一九八二年に名古屋市の通園施設が一、二歳児療育を開始してからは私の仕事は楽になったのですが、だからかえって自分の存在の意味が見えにくくもなりました。それがちょうど『発達の芽をみつめて』を書いたころです。その後、父母の組織化に取り組んでいく中で、あらためて父母の力量のすばらしさ、父母が機会さえあれば仲間の中で大きく力をつけていくことを実感して、親も変わる、親も発達すると感動させられてきました。

現在の私は、もちろん、障害といえるか否かを判断しつつ「発達相談」を実施してはいますが、なるべく軽い気持ちで父母が「療育の場」を利用できる仕組みづくりを重視しています。療育の場を利用すれば、子どもも親も必ず変わるからです。発達心理学者としての力量を試されるのは、父母に私が信頼してもらえるか否かのところです。保健師に誘われて多くの親はイヤイヤ一八か月健診後のフォローアップ教室である「親子教室」に参加します。子どもは概《おおむ》ね喜んで楽しく過ごすため、母親としてはホッとするものの、他の子は呼ばれないのに自分の子だけが呼び出されたという不安を抱えています。そんなお母さんに子どものよさとかわいさを伝えながら、お母さんが困っていることをお聞きして、今困っていることにアドバイスすることが第一回目の相談の取り組みです。そして子どもの変化を毎回おさえ、親に適宜伝えつつ、親が次の療育の場に紹介できる状態か否かを見極めて、子どもにとってより密度濃い教室が必要なことを子どもの姿に沿って伝えることが私の役目です。障害と診断されない子どもでも療育を利用したってよいのです。子どもと親が困っているときには、生活に何らかの変化をつくり出すことが、子どもと親を変えるきっかけとなるからです。

「発達」というと大げさに聞こえますが、人間は日々変わっていく可能性をもって生きています。変わろうとしている力をうまく発揮できないと、もつれてややこしくなってしまいます。子どもが幼いうちにもつれをほぐし、子どもが「お母さん大好き」と思え、父母が我が子を「かわいい」と抱きしめられるようになれば、親子のストーリーは幸せな色に変わっていくのではないでしょうか。最初に書いたように、こころのストーリーが次つぎと悲しみを編み込んでつらいものにならないように、楽しい彩《いろど》りで描くことができるように少しお役に立てれば、それが私の幸せストーリーなのだと思います。

4 生きることと発達と

こうして多くの子どもや父母と出会ってきたのですが、多くの子どもたちは取り組みを通して可能性を広げていきました。でも中には残念ですが発作で命を落とした子どももいます。父母も多くは前向きに子どもと向き合い、たくましい親になっていかれましたが、なかなか変われない人がいることも事実です。私が関わった人で親子心中を図った人は今のところいませんが、私の講演を聴いていた人の中に残念ながら一組、親子心中で亡くなった親子がいると、知り合いのお母さんからお聞きしたことがあります。変われた人と変われなかった人の違いは何なのでしょうか？　変われなかった人はダメな人なの？　変われなかった人は親として発達できなかったの？　私自身も高校時代までは自殺を考えることが多かったので変われないつらさも知っていますが、変われなさを人間発達の中にどう位置づけるかは大変な課題だと思います。

発達は「生きること」「生きていること」につながって理解されてきた概念ではないでしょうか。母と父を亡くし、夫まで亡くし、そして教え子もガンですでに何人か亡くしています。母が亡くなり納棺が終わり、お別れするときは涙が自然と流れました。父との別れは、喪主という責任から葬儀を終えるまでは泣かずにいたのですが、死亡後の諸手続きのために役所に向かいながら「もうお父さんはいないんだ」と涙が出てきてしまいました。その後夢の中に心の葛藤が描き出されたことは先に述べた通りです。でも「これってある意味で順番だよね」と思うことのできる私がいます。日々ともに暮らしているわけではなく、生活における喪失感が具体的ではないからかもしれません。

三年半前に夫にガンが見つかったときも、「そういう年頃やしなぁ」「タバコを吸ってきたんだし、しゃあないわなぁ」と楽観できたのですが、次つぎと転移が見つかり、そのたびに治療して乗り越えてきたのに、ついにこの夏に脳に転移が見つかったときには、道を歩いているときも、通勤電車の中でも、一人になると涙がわいてきてどうしようもありませんでした。私もこんな風になるんだというのが率直な驚きでした。右半身がマヒして手がかかるようになったため、介護の体制をどうするかとか、私の仕事をどう整理するかとか、そういうこともちろん考えるのですが、三五年間生活をともにしてきたパートナーがどうなるのかと考えただけで涙が出てくるのです。母よりも父よりも長くともに暮らしている夫の方が、私にとって重要な存在になっているのは当然と言えば当然でしょうが、私もしばらくはかなり落ち込んでいました。夫の知り合いや職場の同僚から夫の病状を尋ねられることが苦痛でたまりませんでした。自分から語るのはいいのですが、他人に聞かれていちいち夫の病状を説明するたびに、「なんで夫のプライバシーをあんたに語らなくてはならないの？」と思っていました。きっと障害児のお母さんもそういう思いをしているのでしょうね。

いくつもある腫瘍の内、最大の腫瘍を切除した後、リハビリに勤《いそ》しんで「今日は豆を箸でつまんだで」「今日は歩行器なしで歩けたでぇ」と前向きに楽しんでいる姿を見てホッとしたのも束の間、脳の放射線治療が始まったら、食欲をなくしボーッとベットに寝ているようになってしまいました。意欲を感じられる姿が「生きること」「生きていること」を実感させてくれるから、私も元気になれるのです。夫の意欲が減退してくると、私も落ち込みそうになります。父が呼吸器をつけてしんどそうにしていたときは「無理せんでぇえで」と思えたのに、夫には「まだ若いんだから前向きでいてほしい」という気持ちが働くのです。これも障害児の親と同じような感じ方なのかもしれません。こうして文章を書き綴っていた最中に夫の病状が急変し呼吸がしんどくなりましたが、持ち直して「後二週間かな？」というのが医師の見立てでした。でもその見立てを裏切って、急変後四日で還らぬ人となってしまいました。あまりに早く逝ってしまったので、こころの準備ももちろん葬儀の準備も整っていませんでした。急変してからは夜も寝つけず、そして亡くなってからは、葬儀だ、後かたづけだと、ただひたすら忙しくしていましたが、一人になると涙が出てきて、しばらくは体もこころも動かず、暁夫以外の人と話すのも億劫で、一週間後に職場復帰してからも早々に職場を出て、家で一人で過ごす日々でした。

それでも人間はたくましいものです。病院に見舞いに行くたびにやせていく夫の姿にも次第に慣れ、意識がなくなった夫にも、そして夫を亡くし夫がいない生活にも少しずつ慣れていくのです。夫の死後仕事に出かけると下痢していたのも三週目には治り、一か月目に風邪をひいて点滴を二回受けたけれど、夜は眠ることができるようになりました。子どものときのようにしんどさが日々を包むなどということはなく、一人でいるとつい泣けてきてしまう精神的な不安定さは抱えつつも少しずつ仕事に戻り、こうしてこの文章を書けてもいるのです。暁夫という家族がいてともに悲しみを共感し合えること、多くの私の教え子さんたちや夫の友人の見守りを実感できることが、私のこころを支えています。そして自分のしたいこと、自分なりの人生の柱があると、夫がいなくなったというシビアな現実も、人生のひとこまとして受けとめられるのではないかと感じています。夫の病気と死に暁夫とともにつきあいながら、私は、人間が生きること、こころのストーリーのありよう、発達することと人生を終えることの関係も考えさせられ始めています。私だけの思いなのかどうか、ホントのところはよくはわからないというのが率直なところですが、人間発達の本質を考えるよい機会を与えられたのだと思っています。

私は「私のこころ」と出会い、私なりのストーリーを脚色編集しながら育ち、障害のある幼児たちと出会って、子ども時代のつらい思いも他者の気持ちと響き合えるための序曲として位置づきうるのだと確信し、自分の歩むべき道を見つけることができました。子どもたちや親たちとの関わりの中で、人間を変えるのは生活を通した援助だということを実感し、家族の関係がよき循環を描きうるような生活を保障したいと願うようになりました。生活という具体的な営みの中で、親子の関係も夫婦の関係もストーリーが描かれること、だからつらいエピソードも、日々の生活の文脈と結びついていることで忘れがたい記憶として残っていくのだと思います。私も新しい家族を得て、家族の生活の中で楽しいストーリーを描き、楽しい思い出をたくさんつくってきました。つらいことは本当にほとんどないままに三五年の夫婦生活を送ってきました。つらかったのは子どものときだけ。親子も生活を別にし新たな家族を形成すると、子ども時代の葛藤も色合いが薄れ、中和されていきうるのだと感じてきました。夫の病気と死が、我が家にとってはある意味で本当に大変な初めてのことでした。大学院生同士の結婚で非課税世帯でお金がなかったことも、息子が保育所になかなか入所できず苦労したことも、夫が京都に就職して二重生活になったことも、私の続発性不妊がわかり悲しかったことも、二匹の犬を病気で看取ったことも、暁夫が頭にケガをして心配したことも、そのときは大変だったけれど、後で振り返れば家族三人がより仲よくなるためのエピソードにすぎませんでした。

夫の病気が進行を続け、どこかに死の影を感じさせたときから、忘れていた亡き父や母のことを思い出し始めました。人が生きて死ぬこと、「こころが発達する」ということは生と死と切り離して考えてはいけないのだと感じつつ、少しつらいのですが「発達とは何か」について考えてみたいと思います。

2章　発達とは、かけがえのない私を築くこと

しんどくなったり　楽になったり　人間はかわいい

郁夫

1 「できるようになること」が発達なの？

一年生の「発達心理学」で最初に尋ねる問いの一つは「発達ということばで何を思い浮かべるか」です。学生の答えで多いのは「成長」「子ども」「能力」。さらに「人間は何歳まで発達するのか？」を問うと、一九九〇年代の半ばには「二〇歳まで」という答えが多く見られましたが、二一世紀に入ると「死ぬまで」という答えがグンと増えました。「なんでかなぁ？　介護保険制度などで高齢者のことが取り上げられることが増えたせいかなぁ」と思っていました。それが二〇〇六年からはまた「二〇歳まで」という答えが急増しているのです。それこそなんでかなぁ？　格差社会で「先行きに希望が見出せなくなっているからかなぁ？」「入学する大学で将来が決まると思い込まされているからかなぁ」などと憶測してみています。

しかしいずれにしても、二〇歳までで発達が止まってしまうとしたら、私たちの人生はさびしいですよね。「二〇歳で発達が止まるなら、もうすぐ六〇歳になる私なんてどうなるんや！」と学生には言っていますが、学生たちの発達のイメージは「子どもの能力の成長」すなわち「できることが増えていくこと」なのですから、私のようなオバサンは対象外になります。「できることが増えることが発達」というのは発達心理学の歴史からすれば一九七〇年代の発達観だと思いますが、実は日本社会に根強く生きつづけている価値観なのです。保健所で若いお母さんとお会いしていても、子どもが他の子と違っていることや発達がゆっくり目であることが不安の材料になっています。他の子が座っていられるのにうちの子は座っていられない、他の子はかたづけができるのにうちの子は泣いて嫌がる、他の子はお友だちにオモチャを貸してあげられるのにうちの子は無理やり取り上げて泣かせてしまう、スーパーでじっとカートに乗っていられない、ちゃんとご飯を食べてくれない、おしっこを知らせることができない……挙げていけばいくつでも「できなさ」が指摘できます。でも私からすればみんなかわいい、楽しい子どもたちなのです。いずれ広汎性発達障害と診断されるであろうという子もいますが、でも私から見るとみんなかわいい子たちなのですよね。

できることが増えることが発達？　最近はできることを増やすことが「自己肯定感」と結びつけて言われることも目立ち始めました。自信をつけることが自己肯定感につながるからと、着替えや着席をできるようにさせる方法を細かく指導する心理学者もいますが、「できるようになること」が果たして発達なのでしょうか？　一章で述べたように、例え勉強ができても児童会で活躍していても、家で荒れて妹の心を傷つけながら自殺する方法を考えていた六年生の私は、決して幸せではありませんでした。中学生になり、学年で一番という成績をとったことは自慢には違いありませんでしたが、毎晩なかなか寝つけずに羊を何百匹も数えていた私も、金縛りにあって恐怖感におののいていた私も、決して幸せではありませんでした。どんなこころのストーリーをもつかということの方が人間の幸せにとっては重要なのです。

授業中椅子に座りつづけられること、九九ができるようになること、給食のピーマンが食べられるようになること。「できないよりはできた方がよい」「できたことをほめて認めてもらえることで自己肯定感が育つ」と言う人が多いのですが、本当にそうなのでしょうか？　「できない私ではお母さんに嫌われるから」「お母さんに愛されていない私が、勉強もできなくなったら価値がなくなるから」というストーリーが内面に編集されているとしたら、九九ができたとしても、ピーマンを食べられたとしても、「お母さんは本当に私が好きなのか」を確かめられないままでは「自己肯定感」が育つことはありえないでしょう。母の愛を得るために、自分が生きている証を求めるために、次から次へと新たなチャレンジをしつづけねばならない子どもの内面には、「自己肯定感」ではなく無理を重ねつづけて疲れきったこころが育つのではないでしょうか。「できるようになることよりも、できるようになる過程で内面に何が形成されるかということの方が重要」と言われるのは、こころのストーリーが重要だからです。

2　「できるようになっていく」過程において大切なこと

こころのストーリーの方が大切なことは言うまでもありませんが、成長期にある子どもたちは日々できることを増やしていく存在でもあります。だからできるようになる過程を無視して発達を語ることはできません。「できるようになる過程」を問題にするときに、発達との関係で私は二つのことを忘れてはならないと思っています。それは子どもの主体性と、子どもにとっての意味の世界ということです。授業中椅子に座っていられることもピーマンが食べられることも、今その子にとって本当に意味のあること、意味を感じられることなのでしょうか？　できるようにするという目標設定の前に、まずは子どもにとって今一番大切なこと、子どもが意味を感じて主体的になりうることは何なのかを検討することが求められます。

一九七八年、名古屋市で本格的に保育所の障害児保育が始まり、私は統合保育研修講師として参加しました。そこである保育士から「クラスの子が多動で困っている」という相談を受けました。一度実際に見に来てほしいと頼まれて保育園に見に行きました。クラスも落ち着きのないクラスでしたが、知的障害のあるひでくんは、すぐに保育室を飛び出し園庭に出て行ってしまいます。今までに園の外に飛び出してパトカーに二回保護されているそうです。「何としても安全のために保育室にいてほしい」というのが保育士さんの願いでした。児童相談所に相談したら、「無理にでも椅子に座らせなさい」と指導を受けて、ひでくんを無理やり座らせ、立とうとすると押さえつけて座らせているのだそうですが、ひでくんは隙《すき》を盗んで出て行ってしまうのです。

ひでくんにとって今一番大切なことは椅子に座ることでしょうか。保育士さんに「普通人間が椅子に座るのは何かをするために座るんで、座る目的があるもんだよ。ひでくんが椅子に座ってできそうなことは何?」とお尋ねしたら、「給食以外思いつかない」と答えられました。私は「椅子に座る目的の中には、大好きなお父さんの膝に乗りたいから座るというような大好きな人との関係を深める目的もあるけど、どう? あなたの膝に座りそう?」と重ねて尋ねたら、「無理だと思う。無理やり押さえつけてきたから鬼婆だと思われていると思います」と正直に言われました。だったら、ひでくんが保育士さんを大好きになればよいのです。子どもは自分の好きなことをともに楽しんでくれる人を好きになります。「走り回ることの好きなひでくんと朝の時間帯に走り回り、一対一で退屈だったらクラスの子どもも誘い込んで一緒に走ってごらん」とアドバイスしました。翌月に保育園にお伺いしたら、朝の自由遊びの時間帯に先生とひでくんとが追いかけっこをしていて、そこにクラスの子どもが二、三人参加していました。ひとしきり追いかけっこを楽しんだ後、時間だからと保育士が保育室のベランダへ移動したら、ひでくんもついて行くのです。そして靴を履き替えて、私が靴を脱ぐのを待って、靴箱へとしまってくれました。それから自分の椅子を取りに行って、先生の隣に椅子を置き、先生がクラスのみんなに運動会の話をしている間、先生のシャツの裾を握って関係をつないでいるのです。なんと健気な姿でしょうか。それまでは保育室では描いたことがなかった絵も先生と一緒に描き始め、グルグル描きを画面にたくさん描いていました。その後、簡単なことばも出始めて、小学校に入学していきました。

ひでくんにとって本当に大切だったことは、保育室が心の安定する場となり「居りたい」と思える場になることでした。椅子に座ることではなかったのです。心が安定するためには、先生と一緒にいることがひでくんにとって意味を感じられることになる必要がありました。自分の好きなことを否定せず、ともに楽しみを膨らませてくれる先生が、ひでくんにとって心をつないでいたい大切な人になったから、ひでくんは先生と新たなチャレンジをして「できること」を増やしていったのです。ひでくんが主体的に変わろうとしたのは、先生とともにいることに意味を見出したからです。だから保育士が求めなくても自分から主体的に椅子に座るようになったのです。椅子に座るようにと、しつこく指示していても意味を感じることはできません。椅子に座ることに意味を見出し、主体的に自分から座るようになるためには、ひでくん自身が意味を感じうる「何か」を生活の中に保障し、ひでくん自身が変わっていく中で椅子に座ることの意味を実感していくことが必要なのです。

子どもは意味を感じたことに主体的になります。そして意味を感じなくなるとしなくなり、卒業していくのが自然な姿なのです。三歳までは保育園の子どもはトイレのスリッパを保育士のマネをしてそろえますが、四歳を過ぎてくるとトイレのスリッパは乱れ飛ぶようになります。四歳児が特別だらしないわけではありません。三歳までの子どもは大好きな大人のマネをして「いろいろなことができるようになること」「それをほめられること」に意味を感じ主体的に取り組みますが、四歳になると大好きな大人のマネをすること以上にクラスの仲間が何をしているかに意味を感じるようになり、トイレから出て仲間の姿が見えたり声が聞こえると、こころが仲間の方に飛んでしまい、スリッパが飛び散ってしまうのです。次にスリッパをそろえられるようになるには、「次に使うであろう仲間のことを思いやる」ほどに、仲間がこころの中に位置づくことが必要になります。

このように、子どもは意味を感じたことに主体的になり、意味を感じなくなればやらなくなる存在です。そしてこのことは大人でも共通しています。学生時代は勉強ができた私ですが、高校時代に大好きだった微分も三角関数ももうまったくわかりません。現在の仕事にとって意味を感じないからやらなくなり、だからできなくなってしまいました。高齢者が「いろいろなことができなくなり衰える」のは、身体能力の衰えもありますが、生活圏が狭まり意味を感じられることが減少し、主体性を発揮する機会が失われつつあるからかもしれないのです。

障害のある子どもたちへの教育や指導において、この子にとって本当に今大切なことは何なのか、この子が意味を感じ主体的になれる基本的な課題は何なのかをあいまいにしたまま、「多動で困る」「排泄が自立していない」などの「できなさ」を挙げて「できさせること」を目標として位置づける子ども観が広がっています。「できなさ」を「できるようにする」ことが教育や子育ての目標になると、子どもは追い詰められ、問題を拡大していきます。

ひでくんも椅子に座ることが目標とされ、無理やり押さえつけられていたときは、逃げ出すことしか考えていませんでした。本人も先生もしんどさを増やしただけでした。えらそうなことを書いていますが、私も子育てでは焦って失敗してしまいました。暁夫の排泄のしつけで見事に暁夫を追い詰めてしまったのです。暁夫は座位が確立したころからおまるに座らせていたので、朝の排便などはほぼおまるでしていました。保育園に入園し一歳を迎えたら、保育園ではおむつを外してパンツ生活になり、我が家でもパンツ生活に移行しました。何せ、大学の移転時には取り壊すことが決まっているボロい教職員住宅です。暁夫がおしっこを漏らしても、「どうせ廃棄処分になる畳や」と気楽に構えていた私でしたが、一歳一〇か月で分譲マンションに転居してからは様相が変わってきました。高い買い物をしたという思いが、汚されたくない思いになり、排泄の失敗を許せなくなってきました。「おしっこは?」「もう出る時間だよ」「お母ちゃんと二時間おきに声かけするのですが、暁夫は「ナイ」と一歳児らしい反応をします。「お母ちゃんと一緒におトイレ行こか?」と誘うと「イヤ」と反抗します。だんだんと腹が立ってきます。母だからだいたいの排泄間隔がわかるのです。「そんなこと言うたかて、もう出るでっ!」と無理やりトイレに連れて行くと、暁夫は「ギャーッ」と泣き叫び、泣いて全身に力を入れているため、おしっこは出ません。「やっぱり出ないのかなぁ」と居間に連れて戻ると、怖いお母さんが手を離してホッとした暁夫はジャーと大きな地図を描いてくれるのです。「やっぱりお母ちゃんの言うた通りやないの!」と叱っていたら、三〇分おきの頻尿になり、居間はおしっこのしみだらけになっていました。一歳一〇か月の子どもにとってトイレでの排泄が果たして一番大切なことかと言われると困るのですが、お金に目がくらんでいた私にとってはそのときの最重要課題だったのです。本人がトイレに行くことに意味を感じていないのに、母である私の思いを一方的にぶつけたわけですから、暁夫は受け入れられないことを頻尿という形で教えてくれたのです。

私たちは目標が社会的に認められている「よいこと」である場合、「できるようになること」に価値を置いてしまいがちです。しかし大切なのは本人がそのことに意味を感じているのか、感じうるのかなのです。靴の履き方をただ毎日繰り返し練習して何の意味を感じられるのでしょうか？　靴を履くのは外に出ることが楽しみだからです。リハビリに取り組む高齢者も、家に帰りたい、家族と旅行をしたいなどの意味を見出すから反復練習に耐えるのです。子どもにとって外に出ることが楽しみになるような生活の保障があって、初めて靴を履くことに主体的になりうるし、主体的になっているときであれば、靴の履き方に関する指示も受け入れられやすくなります。意味を感じて主体的に取り組んで初めて、私たちは自分が靴を履くという自由を広げることができたと実感できるのです。

『発達の芽をみつめて』で私は「自由を広げていく方向性に向かう変化」を発達だと説明しましたが、ひでくんは先生が好きだから、先生と一緒にいること、先生がしていることをしてみることに意味を感じて、先生の後に主体的について行き、先生のリードで絵も描くようになったのです。そのときのひでくんのこころには、「先生が好き、先生と一緒だと楽しい」というストーリーが成立し、大人への信頼感が育っていったのだと思います。

子どもは、意味を感じたことに向かって主体的に自らを変えていくことで、「できることの自信」というよりは、「大人や自分を信頼するこころ」をストーリーとして描いていくのではないでしょうか。私は授業で「自己変革・自己実現の過程が発達だ」と学生に説明していますが、子どもが意味を感じたことに向けて主体的に自分を変えていくことが自己変革であり、その過程を通して「大人や自分を信頼するこころ」を描きながら、かけがえのない自分を築いていくことが自己実現なのだと思っていますが、あなたはどう思いますか？

3　かけがえのないストーリーとしての「私のこころ」

大人や自分を信頼するこころは、自分の得意なことや好きなことをしていることで描かれるだけでなく、苦手なこともイヤなところも含めて自分の持ち味を生かすことで形成されるものではないでしょうか。障害があることは何らかの「できなさ」をもっていることを意味します。苦手がある、イヤなところも背負っていることだと思います。最近注目されている、知的な障害のない自閉症の人たちも、雨水を痛いと感じる過敏さや、変化が苦手だという特有のしんどさを強調して語っておられます。人とは少し違う感覚や受けとめ方が、親や教師、まわりの人に理解されないという実感が、「誰も自分をわかってくれない」という、よりしんどい「こころのストーリー」を描いているようにも思えます。

自分の内面を言語で表現しにくい知的障害の人たちも、繊細なこころのストーリーをもっているのですが忘れられがちです。傷つきやすい内面よりは、外に現れる行動を指導することが多くなってしまいがちで、そのことで傷つきがひどくなっている人もいるのではないでしょうか。

三歳までの私もどうも「育てにくい子」の一人だったようです。人見知りがきつかったり、頑固だったり、そして偏食もたぶん始まっていたのでしょう。それぞれの「育てにくさ」の特徴は少なからず現在も残っています。人見知りについては、小学校までは注目されると顔が熱くなることで自覚していました。中学校時代は「他の人とは違う自分」を感じ、高校時代は「他人と目を合わせるのがイヤ」「知っている人に学校外で出会うのがイヤ」という対人不安が目立っていました。大学生になって買い物にも出られなくなったのも元々そんな資質があったからかもしれません。今も買い物も嫌いですし、外食や喫茶店に行くのも嫌いです。そこでどんな顔をしたらよいのかわからないことがしんどくて、楽しいなどとは思えないからです。散髪まで自分でしています。だから出無精だと言ってよいと思います。主婦の井戸端会議には参加できないし、各種パーティなどでお酌したり、その場の参加者に自分から声を掛けたりすることもできません。どちらかと言うと、そういう場では無愛想な「壁の花」になります。でも役割が与えられ「役割を通してだと」初めての人ともつきあえるのです。全国発達支援通園事業連絡協議会会長という役割があれば厚生労働省の行政官ともつきあえます。学生部長をしていたときも、学生部長としてなら警察署長や学生の親と話すこともそう大変ではありませんでした。教師として三〇〇名の学生に話すことも、講師として五〇〇名の参加者に話すことも平気なので、「えっ！人見知り⁉」と言われることもあります。「役割を演じれば楽だ」ということは、小学校低学年のときから何となく感じていました。先生の代わりに教室を静めるときも、ただ「静かにして」と言っても男子は聞いてくれませんが、猿のマネをしたり、当時流行っていた『番頭さんと丁稚どん』というテレビのマネをすると男子も注目してくれたからです。そしてそのことを小学校の高学年で実感しました。推薦されていやいや出た児童会選挙の立会演説会で「岸総理」のマネをして演説して大受けしたときに、「誰かを演じれば顔が熱くならないですむ体験」をしたからです。高校時代に演劇部に入ったのも「誰かを演じる」のならば楽だし楽しかったからです。人見知りはなくなってはいないし、青年期には対人不安や緊張でしんどかったけれど、「役割を演じる」ことが対人関係の中で自分を楽にしてくれるから、大人になってからは積極的に「役割」にチャレンジし、仕事の幅と活動の幅を広げてくることができたのですから、人見知りも捨てたものではありません。弱点のように思えたことも、カバーの仕方がわかれば、かえって持ち味として生かせ、かけがえのない「私のストーリー」を描く材料となるといえるのです。

頑固だというのは、多分切り替えがヘタだったということではないでしょうか。人見知りも含めて、新しい場面や人間関係に入りにくい、新しい条件にどう対応したらよいのかが掴みにくいのだと思います。今も「障害乳幼児と家族のために」という基本についてはは頑固に運動を続けていますが、人との対応に関してはかなり柔軟になっていると思います。障害児の父母や学生たちに鍛えられたことは言うまでもありません。しかし、自分の生き方の柱がちゃんとしていて頑固だから、父母に信頼されてきたし、自分のことも信じてくることができたとも言えるのではないでしょうか。

偏食は中学生ぐらいまではなかなか大変でした。嗅覚が多分過敏なことと頑固なことが原因なのでしょう。小学校低学年までは、バター、チーズ、マヨネーズ、ケチャップはもとより、チャーハン、カレーライス、チキンライスなどの子どもが好む洋食類はまったく食べられませんでした。姉と妹が洋食が好きだったことも、それらを心理的に受け入れられなかった原因の一つかもしれません。特定メーカーの特定のふりかけを掛けたご飯とワカメの味噌汁が基本パターンで日本食しか食べなかったので、初めて東京タワーに連れて行ってもらったときに食堂で食べられるものがなく、泣けてきたのを覚えています。生まれて初めてカレーを食べたのは五年生のときで、母の東京の下宿先で出され、母の顔を立てるために仕方ないと息を詰めて食べたのが最初です。料理中の臭いで母が私の嫌いな物をつくっているのがわかるため、「なんで私が嫌いってわかってるのにつくるの！」と母に向かって箸を投げつけて二階に駆け上がり、押し入れに閉じ込もって自分の首を締めて死のうとしたことまであります。給食も息を詰めて食べるか、宿題を餌に先生に見つからないように男の子に食べてもらっていました。マーガリンは先生に見つからないようにランドセルにこっそりと隠し、おかげで中で溶けて大嫌いな臭いが教科書やノートについてつらい思いもしました。現在はバターとチーズ以外の物は何とか食べられますが、食への要求は一般の人よりも低いと思います。でもこうした過去のおかげで、広汎性発達障害の子どもたちの偏食に関して、「あんたたちも苦労してるんだよね」と無条件に共感できます。「簡単に食べられるのなら世話がないよね」と彼らのしんどさと、それでも保育士や仲間に支えられて食を広げようと努力している彼らの健気さを信じることができるのです。

母にとって育てにくかったであろう私の特性も、決してマイナスだけではなく、大人になった私にとってプラスになっていることが多いのです。青年期には苦しく思ったことでも、今になってみると「なかなか健気にがんばってきたやん」と、ほめてやりたいよさになったりしています。障害のある子どもたちに惹かれたのも、私に彼らと似たところがあったからなのかなぁと、今さらながらに感じています。

夫は小学校時代「忘れ物名人」で、担任教師に「なんで近ちゃんは忘れ物するの？」と泣かれて心を入れ換えようとしたけれど無理だったという経歴をもっていました。私と暁夫が過去の思い出を話していると、「えっ？　そんなことあった？」という状況でしたし、私が職場で腹が立ったことを話しても右から左へと抜けていました。母親譲りなのだと思いますが、部屋のかたづけができず散らかしっぱなしで、今流に言えばＡＤＤということになりそうです。でも忘れ物名人だから、イヤな思いやイヤなことばも忘れてしまい、誰とでも仲よくできるし誰からも好かれるという特技をもっていました。穏やかな性格も忘れっぽさのおかげかな？　などと思っています。私は過去の出来事もよく覚えているからむかつくことも多いのですから。

「短所と長所は裏返し」と言われます。短所は「直すべきもの」とマイナス扱いされますが、短所もその人の持ち味として生かされていくことが、発達のおもしろさではないでしょうか。自閉症の人たちの「過敏さ」や「独特の感じ方」を直すのでもなく、かと言って「わかってもらえない」というしんどいストーリーが描かれていくのを放置するのでもなく、その人の「持ち味として生きうるもの」となっていくように援助していくことが、一人ひとりのこころのストーリーを編集していく作業においては重要なのではないでしょうか。これは「障害は個性だ」ということとは違います。障害は、本人の活動の幅を狭め、可能性を疎外するかもしれないから障害と呼んでいます。障害があることで活動を広げにくいから、本人が意味を感じ、主体的になりうる生活をよりていねいに保障し、長い目で本人がマイナスな特性を自分のストーリーの中で生かしうるものとし、大人と自分を信頼し、かけがえのない自分らしさを築きうるよう、社会的援助を保障していくことが求められるのです。

保健所の「親子教室」で出会う子どもたちは多動な子が圧倒的で、お母さんたちはスーパーでの買い物で行方不明になられたり、カートから身を乗り出して転落されたり、走って行って魚のパックに指を突っ込まれて買い取らざるを得なくなったりと苦労しておられます。明らかに自閉症という子どもさんもいますが、多くは発達に偏りはあるものの、楽しいと感じたことには意欲的な子どもです。今は多動で大変で、落ち着きがないという特性は他の子よりも目立ったとしても、それが持ち味として生かせるようになればよいのではないでしょうか。教室で見ていると、自分がこれだと思った活動はしっかりと参加するのですが、すぐに飽きてしまい、でも次に何をするかがわからないと、走り回ったり、友だちを突き飛ばしたりして「困った姿」を出してきます。そんな中でも、自分なりに落ち着こうとして、私の机の前の椅子に自分から座りに来てくれます。「今日は何の相談?」などと冗談を言いながらしばらくつきあっていると、またみんなの中に戻っていくかわいい子どもたちです。こころとからだのとまり木を捜している子どもたち。落ち着きがないためにお母さんはどうしても叱ることが多くなり、お母さんと子どもの関係がよい循環を描きにくくなります。でも多動な子どもはとても働き者です。オモチャのかたづけもよく手伝ってくれます。さっと手洗いをすませて机の所に来ます。することが早いのです。そこで待たされると、机の上に上ろうとしたり、他の子を押そうとしたりしてしまいます。「テーブルを拭くのを手伝って」と頼むと落ち着いて働いてくれます。エネルギッシュで、すべきことを求めている子どもたち。スーパーでは買い物用のマイバッグを持たせるだけで少しは落ち着きます。何をするのかわかりにくいのが、こころをより落ち着かせなくするようです。することがわかるようにしてやることで、エネルギーを生かすことが可能になります。多動で叱られるという「マイナス」なありようから、エネルギッシュな働き者へとストーリーを編集し直すことで、子どもと父母の関係も楽しいものに変わっていきます。一つひとつの場面では子どものよさを生かす取り組みをしつつ、生活全体では動きたい気持ちを生かす活動や集中したくなる楽しい活動を保障し、「〜がしたいから集中して取り組み」、自分もなかなかだと感じられるようにすることで、その子の持ち味を生かし、「かけがえのない私」を実感できるこころのストーリーづくりへと発展させることになるのです。

自閉症児のこだわりも、こだわりと言ってしまうと「止めさせる」ことが指導方針になりがちです。しかし、こだわりがあるから、それが趣味や仕事にも発展しうるのだとも言えます。地図や国旗、電車や自動車は、発達に偏りのある男の子の必須アイテムだと言われます。我が家の暁夫も国鉄特急九九種類のヘッドマークを二歳半で全部覚えていました。保育園の散歩でも、滑り台を滑るよりも遠くの汽車を見る方に関心があって保育士を心配させました。保育園の年長時代には地図に関心をもち、小学校時代には私の高校地図帳を愛読していました。今地理学を専攻していますが、子どものときの一種の「こだわり」を自分なりに趣味として、そして専門として発展させているのです。

時刻表に関心があってなかなかクラスに入らず、園長室で園長先生に時刻表に関してうんちくを語るのが楽しみになっているけんちゃん。どうしたらクラスに入れるか、時刻表を隠してしまおうか、などと園長さんも迷っていました。せっかく時刻表が好きで鉄道が好きなら、クラスのみんなと「電車ゴッコ」を楽しんで時刻表の知識が生きるようにしたらと取り組んだら、けんちゃんもクラスの子どもも盛り上がって、クラスの活動に参加する機会が増えてきました。時刻表への関心も、さらに高度な鉄道雑誌への関心に広がっているのですが、同好の士ができるといいですよね。

どうやって子どもの「マイナス」を減らし、できることを増やすかという発想は、大人が子どもの今をマイナスとして感じていることを示します。子どもにもそうしたメッセージは届いていきます。できない自分がダメ。みんなと同じではない自分がダメ。でも好きなことも得意なことも捨てるわけにはいかないし、自分を認めてほしいという思いも捨てられない。そんなジレンマの中に子どもを追い詰めてはいないでしょうか。子どもが自由を広げていくことは、自分と大人を信頼しながら、自分を生かしつつもっと自分の可能性を広げていくことができると実感し、そのことに意味を感じて主体的にチャレンジしていくことです。

今の自分をかけがえのないものとして実感しながら世界を広げているでしょうか。

4　マイナスをふくむ過程としての発達

マイナスと言われる特性を長い目で子どもの持ち味として生かしていき、子どものこころのストーリーを発展性のあるものにしていくことが大切だと説明してきましたが、それだけでなく、発達にはそもそもマイナスがつきものであることを忘れないでください。

人間が発達する過程では、意味を感じ、主体的に自分を変えようとしながらも、簡単には変われずに苦労するという時期を必ず経ることになります。保健所の「親子教室」に来ている子どもたちは、出席のシール貼りのときに前に出たがったり、友だちを押したりする子が多くトラブルが頻発しがちです。保育士のすることに意味を感じ、自分もしたいと思うから前に出て行くし、自分の前を遮《さえぎ》った子を押したりしてしまいます。意味を感じてしようとするからトラブルになり、叱られるという矛盾を抱えるのです。関心がなければトラブルも起きません。順番がくればできると見通せるようになればトラブルはぐんと減りますが、見通す力量がつくまではトラブルが発生するのです。

四歳児は仲間に目が向くようになるだけでなく、仲間の能力に目が向くようになり、「たつくんはすごいなぁ、逆上がりができるもん」と友だちにあこがれるようになります。あこがれの友だちと同じようにできるようになることに意味を見出すから主体的に練習しますが、練習してもすぐにはできるようにはなりません。したいけれどうまくできないマイナスの自分とつきあわざるをえないのです。だから気持ちが揺れ、積極的になれず、手持ち無沙汰になって鼻くそをほじくったり、爪を噛んだりといった癖が出やすくなり、マイナスが拡大したように見えるのもこのころです。でも子どもたちは揺れるこころを抱えつつも挑戦しつづけ、できるようになっていくのです。

できもしないのに挑戦するのはなぜ？　と問われても子どもは答えられませんが、なぜかわからないけれど意味を感じ、したくなってしまうのです。だから挑戦しつづけるのですが、安定して取り組めるようになるまではこころが揺れ、マイナスをたくさん出してしまいます。挑戦するから新たなことができるようになるのですが、できるようになるまでには時間がかかります。「したいけれどできない自分」とつきあいつづけられるのは、大人と自分を信じられるからではないでしょうか。こうしたマイナスをより拡大して出してくるのが、障害のある子どもやマイナスに見られがちな特性をもっている子どもたちだから、二重にマイナスが出て、子どもも父母もしんどさが拡大するのです。

マイナスな行動が出たときには、子どもが変わりたがっているのだということをまず理解したいものです。友だちを押し倒したり鼻くそをほじくる姿の中に、自分にいらついている健気なこころを汲み取り、子どもの飽くなき挑戦を支える基本に立ち戻ることが求められます。自分と大人を信頼できているでしょうか？　マイナスな自分でも大人は愛してくれていることを実感するためには、情けない姿を受けとめられることが求められます。「そんなあなたがかわいい」と朝・晩抱きしめてくれる父母の存在が子どもの安心を保障します。「ダメな自分も愛されている」「ダメな自分でもいいのだ」という実感を、私は

「自己安定感」と呼んでいます。それだけで子どもは、自分の中のマイナス度をぐんと減らすことができます。

しかし、成長期の子どもは発達するこころを消すことができません。意味を感じたことには挑戦しつづけたいのです。ですから、子どもの特性を踏まえたあり方で挑戦を支えていくことが大人には求められてきます。これは親の役割というよりは保育士や教師の役割です。順番を守るのは二歳児にはしんどいですから、待っているときのこころの支えになるような物を渡して待たせるのも一つですが、それ以上に求められるのは見通しにつながるような生活づくりです。楽しいこと、またしてみたいと思えること、そうしたことが子どもの表象世界に蓄えられ見通しになっていくことを踏まえ、この子たちにとって楽しみにできる活動を保障することが基本です。このことを抜きに、予定表や絵カードで見通しを知らせる「手がかり」だけが一人歩きしていませんか？　仲間にあこがれる四歳児のこころを支えるのは、自分もあこがれられる機会があることです。虫が好き、時刻表が好き、汽車が好き、何でもよいのです。その子の持ち味をみんなの中で位置づけ直すことが、仲間にあこがれ、自分の幅を広げていく挑戦を現実化させるのです。こうして力をつけていく過程で子どもの中に築かれる「自分と自分を理解して援助してくれる先生を信頼するこころ」が、自分もなかなかだという実感、「自己充実感」となっていくのだと思います。

この自己安定感と自己充実感の双方があって、自己を肯定できていくのではないでしょうか。どんなダメな自分であっても、その存在をかけがえのないものと思ってくれる大人がいることは、自己を肯定するうえでの基本的な条件です。でもそれだけでは子どもは満足しないのです。自分が意味を感じた世界に共感して、自分の挑戦を支えてくれる大人がいて、自分が変わっていっている実感があることで自分を肯定できるのです。何かができるようになったから自己を肯定できるのではなく、できないダメな自分をかわいいなぁと受けとめてもらえ、そして変わりたいと願っている自分に共感してもらえるから、自分を肯定できるのではないでしょうか。

自己変革・自己実現の過程は、揺れや葛藤、できなさやマイナスを含みつつも自分を変えていく営みであり、その中で自分の中に「かけがえのないストーリー」を築いていく営みなのだと思います。

5　父母も私たちも自己を肯定したいと願っている

ここまで書いてきて、父母にとっては厳しい注文だと感じた方もいるかもしれません。子どものこころのストーリーが自分と大人を信じるこころのストーリーであるために、子どものマイナスも含めて受けとめること、ダメな姿も含めてかわいいと抱きしめることの大切さを書きました。ということは結局、母子関係が子どもの発達を決めるということ？子どもの至らなさやマイナスを変えようとしてはいけないの？　聖母のように子どもを無条件に受けとめることが無理だということは、自分でもよくわかっています。暁夫がかわいいことは言うまでもありません。でも暁夫の現状に決して満足していない私がいたことも事実です。乳児期には、もう少しちゃんと寝てほしいとか、きれいなハイハイをしてほしいなんて無理なことを思っていました。一歳のときはクラスの友だちに噛まれつづける姿に「やっつけたらんかい！」なんて煽《あお》ったり、排泄のしつけで焦ったりしました。幼児期の後半以降、母心はもっぱら保育所や学童保育所の父母会活動に向かい、かなりおおらかになりましたし、先生の期待に合わせようと無理をしている暁夫に「がんばらんでええでぇ」と心底思いましたが、中学校時代は仕事や活動で忙しかったわりには、もう少し勉強してもいいいんじゃない？　何もわざわざ目立たないように目立たないようにと苦労しなくてもいいんじゃない？　なんて心の隅でいらつくこともありました。

我が子に多くを期待するこころは誰にでもあります。成人とはいえ自己変革・自己実現の道のりの途上にいるのですから、自分が子ども時代に得たくても得られなかったものがストーリーとして蘇《よみがえ》り、我が子への期待や思いとなってぶつけられても仕方がないと言えば仕方がないのです。

大人も自分のこころのストーリーを描いて生きています。子どもとしての自分のこころのストーリーが生きつづけている人も多い一方で、社会人として、父として母としてまわりから認められたいこころもっています。子どもにとって良き父、良き母であり、親にとって良き息子、娘である自分を信じたいこころもあります。良き父、良き母のイメージは人それぞれです。人生のストーリーの道を進みながら葛藤したり揺れたりするのも、発達にとっては当然のことです。私たちは自分が意味を感じたことに向けて主体的に挑戦し、自分を変えていく存在ですが、何に意味を感じるかは、その人の築いてきたこころのストーリーに規定されています。我が子の障害が告げられて「そんなはずはない」と否定するのも、その人が築いてきたこころのストーリーからしたら当然のことでしょう。子どもが生まれる前は、みんないろいろな夢を描くのですから。障害がある子どもとともに暮らす生活ストーリーを描いてみた人は少ないですよね。子どものできることが増えてほしいという思いをもつのだって、多くの人が「できるようになることの喜び」を実感したことがあるからに他なりません。自分もなかなかだと感じることが、人生を肯定していくうえで重要だということも多くの人の実感です。だからできないことをできるようにさせたくなるのです。高齢者も施設の中で役割を与えられた方が元気になります。世話をされるだけよりも、世話をし当てにされたい気持ちをもっています。ガンと闘っていた夫も、リハビリで「できなくなったことが復活できたこと」や、卒業した夫の教え子や私の教え子たちがお見舞いに来てくれることが闘病のハリになっていました。教師という仕事の幸せを感じ、職場に戻り学生たちと語り合いたい思いが、しんどい治療に耐える気力を生んでいたのです。夫をがんばらせることは教え子さんたちに任せて、私の前で情けなくぐちを言ったり、甘えたりしているのを、かわいいなぁと思ってつきあっていました。

多くの人の人生において、「できなくてもダメでもマイナスをもっていても、それがあなたじゃん、そこがかわいいんじゃん」と親もパートナーも感じさせてくれることはまれではないでしょうか。「この人とだったらダメな自分でも安心して出せるし」と思ったから結婚したのに、ダメさを日々指摘されて離婚した人もいることでしょう。私が三五年も夫と暮らせたのは、夫がイヤなことも何でも忘れてしまうので、私の攻撃性が出しやすかったのがホントのところかもしれません。私は自分がテキパキと仕事をこなす方なので、仕事ができる人が基本的に好きですし、多動でエネルギッシュな子どもが好きです。でも自分が安定していられるうえでは、穏やかでボーッとして、何でも忘れてしまう夫が必要だったということでしょう。夫は私の元気でエネルギッシュなところに惚れたのですが、夫の忘れっぽいというマイナス特性をプラスに感じている私の存在がよかったんじゃないのかな？　と私は自惚れています。

ダメさを無条件に受けとめてもらえた人は実は少ないのだと思います。父がアルツハイマーで認知症の症状が出たときも、本人自身がそれを受けとめることが困難でイライラして攻撃性が増していました。その攻撃性は最初は孫に、その次は入居したケアハウスの職員に、老人保健施設では目の前にいる虚弱なお年寄りに向けられていました。私の前では楽しそうにコーヒーを飲んでおしゃべりを楽しんでいるのに、攻撃性があちらこちらで出ていたことを職員から聞きました。特別養護老人ホームに移ってからは穏やかな日々を過ごしていましたが、認知症の症状は進行し、記憶はもとよりことばも次第に失っていきました。でも表情は「仏様のようだなぁ」と元神主の父が聞いたら怒るようなことを夫婦で言い合うほどステキでした。もっと衰えて歩けなくなり、ことばを失い、誤嚥して肺炎で亡くなったのですが、衰えていく過程で何もできなくなっても、存在としては本当に仏様、神様に近づいていくのです。日々の介護で大変だとそうは思えないのでしょうが、月に一回会うだけの私たちにとっては、私たちの言うことが全部わかっていたのではないかと思える存在でした。最期は「何もできなくても受けとめられる」という体験を父はしてくれたのでは、と思えることが私のこころの支えです。

ダメでもできなくても受けとめられたい、みんな心の底では願っています。でもどんな父母も日々初心者マークで生きています。その子の親としてのその日は二度と来ないのですから、日々が初心で不器用で当たり前なのです。親だからできて当たり前ではなく、親だからできないことがたくさんあるのです。専門家はついつい親に「良き親」を求めがちになります。なかなか変われない親がいても、私はこの人のテンポではマイナスをかけがえのないストーリーとするのに時間がかかるんだなぁと思うことにしています。だからと言って、そのために子どもがしんどい思いをしなくてよいように、社会的な援助を保障することが必要なのです。変わりうる親だから援助し、変われない親は非難の対象とすることはないでしょうか。それぞれの父母の持ち味と父母なりの親心を尊重しつつ、親が変わることができるのは生活へのていねいな支援を通してだという基本に立ち返りながら、この親子にはどのような支援が求められるのかを考えていきたいものです。

　子どものような成長期にあるわけではない大人は、日々内からの発達のエネルギーがわいてくるわけではありません。なだらかに変化するのが当たり前の時期なのですから、急な変身を求めるのでなく、その人が意味を感じうる援助とはどのようなものかを吟味することが求められるのでしょう。父母や仕事仲間たちと、人間が発達するとはどういうことなのかをともに語り合い学び合いながら、子どもという存在のかけがえのないかわいさを見つけていきたいと思っています。子どもが発達することの意味や、子どものマイナスに含まれた可能性に気づくと、自然と笑みがこぼれてきます。鼻をほじくっている子どものかわいさ、ふてくされてみせる子どものかわいさ。大人が「かわいいなぁ」と思えたら、子どもは受けとめられた幸せを感じられるのです。そんな子どもたちの健気な発達の姿をみなさんにお伝えしたいと願っています。

誰もが変わる可能性をもっています。私もあなたも、そして学生や職場の同僚たちも。変わるための条件とは？　と問いながらも、なかなか変わることのできない職場の人たちに腹を立てて、いつも夫にブーブーとぐちっていた私です。これからは誰にぐちればいいんやろう？　悟りは簡単には開けないもんやなぁ。

3章　私たちのこころの発達

幼な友だち来たり　幼き日々をしばし歩き出す　郁夫

1　こころの発達のプロセスは共通なの？

こころの発達のプロセスに関して、多くの発達心理学者は発達段階を設定し、「その時期の発達の課題」を提示しています。でも人のこころはそれぞれですし、人のこころのストーリーは「その人色」に脚色されていくものですよね。だから発達課題だとか、発達段階というものに不快感をもつ人もいます。人間をひとまとめにして捉えているように感じるからでしょう。

でも子どものマイナスも含めて「かわいい」と思えるのは、そこに子どもらしい発達の姿を感じられるからではないでしょうか。四歳の男の子が、食事中に「ウンコ！」と繰り返し叫んだり、保育実習生を「ババア」と蹴り上げたりしても、「なに、この子！」「どうしようもない悪ガキ」と思わずに、「かわいいなぁ」とクスッと笑えるのは、彼らがなぜそうしたことをするかがわかっているからです。世界を広げ人間関係を広げていくこの時期、仲間に気持ちが向いてあこがれたり、トイレのスリッパを脱ぎ捨てたりするようになる一方、大人との関係にも新たな展開を求めています。父母の会話に対等に参加したい気持ちが、自分に関心を向けさせる必殺コトバ「ウンコ」になってあふれてきます。新しく来たお姉さん先生と関係を結ぶ結び方がわからず、「ババア」なんて言って蹴ってしまうのです。「あんたも苦労してるんだねぇ」と思うとかわいくなってきます。

担任保育士を心の支えにしているのに先生は週休で休み。何をどうしてよいかわからなくなって気持ちがいらついていたのでしょう。そばに来た友だちをつい叩いてしまったけんちゃん。園長先生に「なんでそんなことをしたのかな？」と優しく尋ねられても自分でもよくわかりません。「なんでなの？」と重ねて問われてどうしてよいかわからず、感情を爆発させ乳児室へ走って行って網戸を破ってしまいました。迎えに来たお母さんも「なんでそんなことをしたの？」と聞くけれど、「なんででも」としか言いようがないのが本当のところです。こんな日々を繰り返していると、保育士たちも園長も保育が楽しくなくなりますし、けんちゃんもお母さんも心が落ち着かなくなってしまいます。なぜけんちゃんがイライラするのかがわかってくると取り組みが変わってきます。爆発したときに「なぜ？」と尋ねられても、子どもは「なんででも」としか答えようがありません。自分の気持ちについて振り返り、反省するのは幼児にとっては難しい課題だからです。それよりは爆発するほどイヤなことがあったのだという気持ちを、「イヤだったんだね」と代弁してもらう方がこころが安定しやすくなります。そして何よりも担任保育士が休んでも安定でき、楽しいと感じられる関係を園長先生とも築くことが大切です。大好きな鬼ごっこを園長先生と楽しんでいるうちに、けんちゃんは担任が休んでも落ち着いて過ごせる日が増えてきました。こうなると園長先生も他の先生たちも、みんなけんちゃんのことが「かわいいなぁ」と思えるようになるのです。「良い子」になったからかわいいのでなく、こころが通じ合った実感が「かわいいなぁ」という思いを引き出すのです。

マイナスを出してくる中に秘められた、子どもの変わろうとする思いや、変わることができないから揺れている健気さを理解できたとき、私たちは子どもをこころから「かわいい」と思えるのです。子どもをかわいいと思える手がかりはたくさんあった方がよいと思いませんか？　発達を学ぶとは、子どものかわいさを発見する手がかりを増やすことなのです。目に見える子どもの行動に振り回されたり腹を立てたりするのでなく、子どもがなぜそんなことをするのか理解したいと願うところから発達の学びは始まります。こころは見えにくいがゆえに、見よう、理解しようとすることが大切なのです。子ども一人ひとりのストーリーはその子ならではのものですが、その時期の子どもだから共通してもっているこころがあります。子どものこころを理解したいという願いがあるのであれば、子どものこころのストーリーを読み解くために発達について学んでみてください。子どもの行動の中に「変わろうとするこころ＝発達の芽」を見つけるために発達について学んでください。

子どもには、その時期その時期に特徴的なこころの世界があります。どういうことに意味を感じ主体的になりうるのかに共通性があります。どういうことに意味を感じ主体的になり自分を変えていくのかを、私は「自己変革の願い」と呼んでいますが、発達心理学では「発達の原動力」という呼び方をします。私たちの中に自覚されないけれど、自分を変えようとする力や願いが育ってくると、私たちは新たな何かに意味を感じて主体的に自分を変える営みを始めます。自分を変えようとする願いは自覚されないため、「なぜそんなことを思うのか」「なぜそんなことをしたいと思うのか」問われても、子どもの場合は「なんとなく」「なんででも」としか本人は答えようがないのです。新たな願いが生まれてきても、それをどのような形で実現するかは人それぞれです。自分なりの実現の仕方が見つからない間は私たちは揺れてマイナスもたくさん出します。それでも変わろうとする願いを押しとどめることはできません。

私たちの自己変革の願いはどのようなものなのか、発達のプロセスを追ってみましょう。

2　大人が大好き——だから世界にこころを向ける乳児期の世界

乳児期に大切な発達の課題としては、頸がすわる、寝返りする、這うなどの運動機能の発達や、見る・聞くといった感覚の発達、そしてガラガラを振る、積木を打ち合わすなどの物との関係の発達などたくさんのことを挙げることができます。しかし何と言っても大切なのは、大人へと向かう気持ちが育つことです。寝返り一つとってみても、赤ちゃんは一人で黙々と練習して、ある日、大人をびっくりさせるというようなことはしません。赤ちゃんに呼びかける大人の方を向こうと苦労して何度もからだをひねるうちに、ある日寝返りを達成するのです。大人の方に向きたいという心が、不自由なからだをしんどい姿勢で転換する原動力となるのです。一人で座らせておくと背中が丸くなってしまうのに、大人が向き合って声をかけてあげるとグンと背筋を伸ばして微笑みかけてきます。這うのだって、なかなか前進できないからだなのに、大人の方に近づきたいばかりに必死に手足を動かすのです。見るのも聞くのも大人が声かけして働きかけてくれるから。オモチャも大人が動かし音を出して楽しませてくれるからほしくなり、手を出し動かしてみるのです。からだの制約があってうまくできないことだらけなのに、赤ちゃんは顔を赤らめてまで挑戦します。「変わらねば」と決意しているわけではありませんよね。大好きな大人に向き合いたいと願うから、からだの制約を越えて自由を広げていくのです。赤ちゃんが大人を大好きになり、大人に向かおうとする気持ちを育てていく過程をたどってみましょう。

生まれたばかりの新生児は、大人の世話なくしては生きていけません。空腹を満たすという最も基本的な生理的欲求も、大人がいなければ満たすことができません。乳房を求めて母親に抱きつくことさえできません。抱き抱えてもらい、乳首が口のそばにくるようにしてもらわなければ、哺乳すらできないのです。だから赤ちゃんは、空腹が満たされた、抱き上げられ姿勢や視野が変化した、母親の肌に自分の肌が触れ温まったといった、自分が感じる世界の変化を大人と結び合わせていきます。母親の胎内にいるうちに、空腹や満腹を感じる内部感覚も、姿勢の変化を感じる平衡感覚や筋感覚、皮膚の感触の変化を感じる触覚といった、からだに直接関連した感覚を発達させて誕生し、それらの感覚（近感覚）を大人と関連づけて働かせていきます。だから新生児は自分と大人を区別せず、大人と混ざり合った状態で世界を築いていると言われます。そのためでしょうか、新生児は大人が自分の動きに合わせてくれると、大人の働きかけに同調するという特徴をもって生まれてきています。手足をばたつかせているときに大人が声をかけると手足の動きが活発化したり、舌を出す動作を大人も同じようにマネていると活発化（原始模倣）したりするのです。自分の身体感覚と大人が融合しているから、大人の働きかけに応えるような反応が引き出されるのだと言えるでしょう。

このようにお互いが溶け合ったような融合した状態にある母子は情動も伝染しやすく、母親の心理状態で乳児の機嫌が変わってくると言われるのです。一人目の赤ちゃんだと、お母さんは何をどうしてよいかわからず不安ですが、授乳しおしめを換え、泣けば抱き抱え、泣きやむとホッとします。そうした育児行動を通して親子の身体感覚を通した情動が共有されて、赤ちゃんは快的な身体感覚と母親を結びつけ、二か月ごろには母親があやすと快を感じて微笑むようになっていきます。あやしあやされる関係の中で、次第に自分のからだと母親のからだも区別し始め、自分の髪を引くときは柔らかく引き、母親の髪は強く引くといった違いが目に見えるにようになってきます。

赤ちゃんは、あやしあやされる関係の中で、四、五か月になると、大人が自分にしてくれる働きかけの一歩先を期待するようになっていきます。くすぐり遊びの際に、「階段上って」の歌詞で、まだくすぐっていないのに肩をすくめ、次のくすぐり「コチョコチョコチョ」を期待しているような姿が出てきて、それがまた何ともかわいいのです。親がスイッチを入れて明かりをつけると、次を期待して「消して」とでも言うように鼻を鳴らしたりもします。物の変化を生み出すのも大人だとわかっているのです。

六か月を過ぎてくると、大人の生み出す変化を期待する心はさらに膨らみ、赤ちゃんは楽しそうな雰囲気に惹かれ、仲間が保育士に揺さぶってもらっていると、自分もしてと言うように鼻声を出し、這えないのにそばに行こうと努力するのです。自分のしたことに関しても、「どう?」というように大人に共感を求めるようになってきます。手に持ったオモチャと大人の顔を見比べ反応を見ます。八か月にもなると、わざとスプーンを食卓から落としては大人の反応を見て笑います。物を介したやりとりが成立してきているのです。だから自分と共感しやりとりできる人とそうでない人を区別し、人見知りも激しくなってきます。大人の生み出す変化を楽しみ、共感し、期待する力を膨らませてきた子どもたちは、大人とやりとりすることの楽しさから、一〇か月ごろまでにはイヤイヤ、拍手といった大人の身振りを模倣し取り入れてもいくのです。

一一か月ごろには、保育士が給食のワゴンを運んでくる音がすると流しへ這って行くというように、大人の行動の次を予期して自分から次に向けて行動する姿まで出てきます。だから保育士の「給食よ」ということばを理解できるようになるのです。

情動を共有し、あやしあやされるやりとりを繰り返し、大人が大好きという気持ちを膨らませながら、赤ちゃんたちは大人が自分にしてくれることをイメージとして蓄えて期待し、物を介して共感を求め（三項関係）、そして大人の行動を予期し意味を理解していくのです。大人が大好きだから寝返りもハイハイも練習し物理的な世界を広げるだけでなく、こころの中の世界、イメージも成立させ広げていくのです。大人が大好き、大人といたい、大人と共感したい、大人と行動を共有したい、だから子どもは次つぎと新たな行動を獲得していくのです。大人といること、大人と共感することに意味を感じるから、大人とðともにいることに主体的に挑戦し、自分を変えていく赤ちゃん。大人への基本的な信頼感の形成が乳児期の発達課題と言われたり、乳児期の発達の原動力は情動的交流だと言われるのは、こうした赤ちゃんの姿があるからです。お母さんが大好き、そしてお父さんもお兄ちゃん、お姉ちゃんも大好き。担任保育士さんも大好き。たくさんの大人や子どもたちのことを大好きになれると生活はきっと楽しいですよね。

だから母子関係が強調されてしまうのです。「赤ちゃんをしっかりと見つめていれば、赤ちゃんのこころを読み取ることができる」と言われると、それでしんどくなってしまうお母さんもいます。読み取れない私がダメなの？　そんなことはないですよね。赤ちゃんは何よりもからだを通してお母さんとの情動的な一体感を形成していきます。からだに対するていねいな働きかけは、どのお母さんも授乳や抱っこ、おしめや肌着の交換を通してしています。でもプラスα、ていねいにからだへの働きかけを試してみましょう。重度な障害をもっているよっちゃん。抱こうとするとからだが緊張して泣きだします。だからお母さんはとてもつらい思いをしています。よっちゃんが抱かれてうれしいと感じるにはどうしたらいいの？　よっちゃんは急に抱き上げられるのがどうも怖いようです。抱いてもらえることを期待し、こころもからだもスタンバイしてから抱かれたいのでしょう。抱く前によっちゃんの両手を持ち、軽く揺すってわらべ歌を歌って「よっちゃん、ごきげんいかが？」と尋ねてみました。両手の軽い揺れと歌が、次の働きかけを期待するこころにつながったのでしょう。抱かれると表情が緩むようになりました。我が子のためにと抱き上げたのに泣かれると、誰だってつらい悲しい気持ちになってしまいます。その気持ちがよっちゃんに伝わって悪循環になっていたのです。障害のためにからだの緊張が強いと、抱かれることに対して緊張で応えてしまったりします。リラックスできるように、お母さんの優しい気持ちが体を通して伝わるように、ていねいなマッサージや、末端からの揺らしをしていくことは、重度な子どもたちに関わるときの基本ではないでしょうか。こうしてお母さんの抱っこが大好きになると、お母さんでなければイヤという気持ちもはっきりしてきて、「私でないとダメだから大変だけれどでもかわいい」と、お母さんはうれしくなっていきます。

赤ちゃんや障害が重いと言われる子どもたちにとっては、からだの感覚が世界のすべてを支配しています。からだをより気持ちよくするために、揺らしやマッサージなどでていねいにからだの感覚に働きかけ、からだへの働きかけを快的なものとしていくことが求められます。一対一が多くなりがちなこのていねいな営みがしんどくならないためには、お母さんのようにはいかないけれど他の人でも大丈夫という、受けとめる世界の広がりが求められます。そのためには、からだの感覚そのものを広げていくとともに、見る、聞くといった働きにつながる歌や音や光を楽しめるオモチャを取り入れ、からだから外の世界への広がりを保障していく取り組みが豊かに展開されることが必要とされるでしょう。私たちも外に関心が向くと、お腹が空いていることも、ちょっとした痛みも忘れていることがありますよね。

たっちゃんのように頭を床に打ちつけている子も、からだの感覚に縛られている子どもです。痛そうなのですが、その感覚しか受け入れにくいのです。父母とは目も合わず、子育てもしんどくなっていました。からだの感覚そのものが広がるトランポリンと出会って、からだの違った感覚を楽しめるようになり、その感覚を生み出すのが私だとつながったから「跳ばしてよ」と手を伸ばしてきたのだと思います。そういうときは私の目も見てくれています。こころが通じた瞬間です。紐を振りつづけている、砂をすくってはこぼしているといった子どもたちも、物に働きかけてはいても共感が成立しにくく、紐も砂もからだの感覚の延長線上にあるようです。感覚を広げることが大切だと、さまざまな感覚遊びが取り組まれるのですが、それ以上に大切なのは大人を大好きになることです。共感が成立するから大人の働きかけの受けとめが広がり、取り組む素材や物も広がっていくからです。大人を好きになるためには、子どものからだが快を感じうるような取り組みをていねいにすること、そして子どもの感覚の一部になっている素材を大切にして、子どもが受け入れうるような変化を生み出すことも、大人がいるから楽しさが広がり、大人の働きかけを期待していくうえでは大切ではないでしょうか。一緒に紐を振ってみる、一緒に砂をこぼしてみる、一緒に水道水を眺めてみる、そうすることで子どもの感じている世界に一歩近づくこともできてきます。子どもが大人を好きになる前に、私たちが子どものしていることを好きにならなくては共感は成立しませんよね。紐の動きはきれいだし、砂も水も輝くととってもきれいです。思わずはぁ～とため息も出ます。そのきれいな世界をもっと美しく輝かせるにはどうしたらよいのかと、心をわくわくさせて工夫してみましょう。

大人を大好きになると子どもは大人との共感を求めるのですが、力はあるように見えるのに大人との共感が成立しにくい子どもたちもいます。自閉症スペクトラムと言われる子どもたちは、からだが総じて固いか柔らかすぎて、からだに働きかけられたときの快の感覚が乏しいようです。抱いてもそっくりかえっていた、おんぶしても背中にからだをくっつけてこなかったなどというお母さんの訴えを聞くことがあります。そして最初は親の励ましを受けて這う練習をしたであろう子どもも、一旦這えるようになると、大人を放ってどこに行くかわからなくなります。歩きだすともっとそれがひどくなります。追いかけているうちにお母さんはとってもつらくなります。「待って～」「危ない！」などと止めるような働きかけが中心になってしまいます。子どもはお母さんとますます共感しにくくなり、悪循環が形成されてしまいます。「自分に抱きついてきてほしい」と願うのがお母さんの当たり前のこころです。私よりも自動車が好き、私よりも水が好きというのは、日々ともに暮らしているお母さんにとってはたまらないことですが、好きなものがあるということは、子どもの好きなことに共感することが可能だということです。走ることも、水遊びすることも、自動車を走らせることも、一人でするより誰かとした方が楽しいと感じる機会を広げることが求められるのです。子どもは、本当はお父さんお母さんのことを大好きなのですが、それを親が実感できる機会がないと親は疲れてしまいます。通園施設などで子どもの好きな活動を広げる取り組みをすることは、親子が共感しうる活動を広げるためです。「お母さん大好き」というこころを表すのにふさわしい活動は何かという視点で実践を膨らませてください。

3　大人のしていることを取り入れたい幼児期前半期

――「できるようになる」私へ

一歳から三歳代を幼児期前半と呼びます。大人を大好きになり、大人とのやりとりを楽しんできた子どもたちは、一歳近くなると、大好きな人がしていることをしてみたいと願うようになります。大人の持っているものがほしい。お兄ちゃん、お姉ちゃんの持っているものがほしいと手を出してきます。手を出してはくるものの、まだ使い方はよくわからず、もらうと振ったり叩いたりして飽きると次の物に手を出してきます。物を介して大人とやりとりすることが要求となっているのです。だから見つけた物は大人に見せに来ます。使い方を教えてほしいというアピールはできませんが、大人の顔を見て物に働きかけて、物を操作した区切りに大人を見るというように「教えを乞う」ような関係がつくられていきます。

一歳前半には大人のしていることをしているように取り入れ始め、ブラシを頭にあてたり、靴をくつ箱から出したりします。でもちゃんと使いこなすことはできにくいからと親が取りあげると、「ギャー」と泣いて駄々をこねる姿も出てきます。友だちとのケンカによる噛みつきなどが出始めるのもこのころからです。「これがいい」という物への強い要求が出始めるからです。一方で、母親がトイレに入ると後追いしてきて出てくるまで泣いているなど、母親を求める気持ちが強まるのもこのころです。物と人を結び合わせて、大人がすることを取り入れて表象世界（イメージを思い起こし表現すること）を築き始めた子どもたちにとって、大人がいなくなると「することが見えなくなる」不安が大きいのでしょう。思い起こせる世界を築き始めたから逆に、思い起こす手がかりがないことの不安が高まるのではないでしょうか。

一歳後半では大人が使っているものを同じように使う姿が出てきます。ビデオのイジェクトボタンを押してカセットを挿入しスイッチを上手に入れるなど、「教えてもいないのになぜ？」と不思議になるほど道具の使用が巧みになります。大人がしているようにすることが目的となるため、大人の活動への参加意欲が高まり、お母さんが掃除機をかけていると掃除機を取りに来るし、台所にいつの間にか入ってきて包丁を取り出したり、コンロのスイッチをいじくってお母さんをドキッとさせます。パソコンなどは子どもにいたずらされない方が不思議だというくらい、子どもの関心の餌食になります。大人がしていることの中でも、物に対する行為に関心が向くのは、乳児期に物を介してのやりとりをイメージ世界に位置づけてきたからです。そして大人がしていることの中で「これっ」と感じたものを自分の行動の目的（意図）としてイメージ世界から取り出し、実行するようになるのです。イメージを思い起こし表現するという表象世界が成立しているのです。大人が身近な物に働きかけると、以前蓄えたイメージが鮮明に思い起こされるようです。だから大人が何か別のもので気をそらせようとしても、一旦思い起こされたイメージはすぐには消すことができず、「イヤ！」という拒否にあうのです。他のもっと楽しいイメージを思い起こせるような働きかけが必要になってきます。

子どもが表象世界に取り入れているイメージは、大人が求めているものとはズレていることも多いのです。子どもは自分のこころを動かされた行動を取り入れます。乳児期後半に大人の行動を観察していた子どもは、大人が日々取り組んでいる掃除だったり、お化粧だったり、洗濯だったり、パソコンメールだったりというシーンに関心を向けるために、親からすると危ない、壊される、ジャマということになってしまいます。また子どもは自分のアンテナにかかりやすい物に関心を向けるため、一人遊びさせていると自動車ばかりに目を向け、寝ころがってタイヤの動きを見つめ、「発達障害かしら？」とお母さんを不安にさせる子どもも出てきます。一歳後半の子どもは、身の回りの物が手がかりとなり、その物で大人がする行動を思い起こし、物を大人と同じように使うことを目的として行動します。散歩で棒を拾うとあちこちを突ついてみたくなり、穴を見つけるとそこに小さい物を入れたくなります。そのたびに大人に共感を求め、「なくなっちゃった〜」という大人のことばを「チャッター」などと取り入れていきます。だから一方で物がないと何をしてよいかわからなくて走り回る子も出てきます。スーパーでパッと走り出し困る子どもに、マイバッグを持たせると「買い物」という目的を思い起こして親のそばを歩いてくれたりするのもそのためです。保健所の「親子教室」で、わらべ歌遊びのような親子遊びは苦手で逃げてしまったり前にいた子を押したりする子が、シール貼りや描画だと机のまわりに座って活動しつづけられるのも、物が手がかりとしてあるからです。本来は、大人が大好きだから大人と物を介して共感したいこころが育ち、大人がしているように物を使うことが目的（意図）になってきているはずが、大人と共感するこころの育ちが不十分なままに物への関心が育ってきていると、自分のアンテナに掛かった使いやすい物に気持ちが大きく向かい、大人との共感を求めようとする意欲が後ろに隠れてしまったようになり、親からすると関わりにくい姿になってしまいます。

通園施設では生活リズムも整い、食事や排泄も自分でできるようになり、オウム返しとはいえことばも出始め、落ち着いて生活していたので四歳児クラスから保育所に変わったしょうちゃん。保育所の子どもたちの騒がしさが苦手だったようで保育室に入れません。通園施設では落ち着いていたのだからと保育士が無理に入室を誘ったら、振り切って玄関のガラス戸を突き破って飛び出していきました。しょうちゃんにとって保育園はまったく新しい環境なのだと保育士たちで話し合い、静かな場所で一対一で受けとめて信頼関係を育成することから始めなくてはと取り組み始めました。朝の受け入れを遊戯室で保育士が一対一で行い、しょうちゃんの好きな遊びをともに楽しもうとするのですが、しょうちゃんがするのは紐を振ること。もっと違う遊びもできるはずなのに紐を振っているだけなのです。不安定になっていたしょうちゃんは、自分の力の水準よりも幼い活動しかできなかったのかもしれません。保育者という大人が使っているものに関心を向けられるほど保育者にこころが向いていなかったのかもしれません。一か月ほど保育士はつきあいましたが、紐を振るだけの日々に疲れてきました。「紐振り」というネーミングが疲労感を増幅させます。せっかく紐を振っているのだから「新体操ゴッコ」と名付け直しました。そうすると、リボンを使おうか、ピンクの方が楽しいな、などと保育士の心がワクワクしてきました。そのワクワク感に最初に反応したのは四歳児クラスの女の子たちでした。先生が楽しそうな顔をしていることに気づき、「先生、二人だけで何してるの?」と尋ねてきました。「新体操ゴッコしてるんだよ」ということばに「私もやりた～い」の声が。遊戯室で何人かの女の子たちがしょうちゃんと一緒に新体操の演技を楽しみ始めました。「しょうちゃん、じょうず～」と女の子たちは無条件に認めてくれます。そうこうしているうちに、女の子たちはリボンを使って遊びを発展させていきました。リボンでのしっぽとりや電車ゴッコの輪の中にしょうちゃんも入り込み、女の子たちと一緒に保育室に入ることができるようになっていきました。

物を介して共感するこころは、子どもの好きなものに共感し、より楽しく膨らませてくれる人びとがいて、「みんなと同じことをしよう」という意図に発展し、リボンで思い起こす世界も広がっていくのです。大切なのは、子どものしていることをただ同じようにマネするのでなく、子どものしていることを心をワクワクさせて楽しむことです。土をカップに入れてひっくり返してプリンを作ることを繰り返している、同じキャラクターばかり描いているなど、道具を用いていても単純な繰り返しになるとつきあう大人は退屈してきます。「こんなに繰り返すのは何か魅力があるからに違いない」と自分なりに魅力を見つけ、魅力を膨らませていくこと自体がワクワクすることなのです。せっかくだからテラスの端から端までプリンを並べてやろう、サインペンだけでなく絵の具で描いたらどうなるかな？　描いたキャラクターを切り抜いて壁に貼ったらどうするだろう？　などと考えるのは楽しいことです。そしてこちらのワクワク感に子どもが応えてくれたときの喜びがまた子どもに伝わるのです。これが共感です。父母はそんな「気楽な」ことは言っておれません。生活があるのですから。だから、専門家としての保育士や教師が子どもにじっくりとつきあっていく必要があるのです。

子どものしていることを「問題行動だ」とか「やめさせるには？」などとマイナス方向で見ていると、取り組む大人は共感するこころから遠ざかっていきます。子どもは不安だからその行動に執着しているのかもしれませんが、命の危険がないのであれば、そしてまわりの子を傷つける行動でないのであれば、もっとおもしろがってもよいのではないでしょうか。子どものこころを理解しようとする姿勢をもっていること、子どものしていることをワクワクして膨らませていく「遊びごころ」をもっていることが、障害のある子どもとつきあう専門家に求められる専門性ではないでしょうか。もちろん、しょうちゃんが安心できる場を広げていくことや、クラスに入ってからのしょうちゃんがクラスの仲間とともに楽しみたい、取り入れたいと思えるような活動を工夫していくことが、子どもの発達を保障する生活づくりの基本ですが、大人を大好きになるから子どもは世界を広げていくという、赤ちゃんの最も基本のこころは、実はどの時期でも人間関係を形成していくうえでの土台なのです。

親が子どもをしつける場合はワクワクもしておれませんよね。スーパーで子どもと一緒に走り回るわけにはいかないのですから。だからこの時期の子どもにふさわしく、手がかりになる物を用意して、行動の目的を思い起こしやすくしてあげることになります。家庭ではイヤがるかたづけも、「親子教室」でみんながかたづけ始めると一緒にするのは、みんなの行動が自分の行動の手がかりになるからです。手洗いも、手を洗う動作を示すとともに水道を指し示した方がわかりやすくなります。ことばだけでは目的を思い起こしにくかったり、自分のアンテナに入りにくい行動は思い起こしにくいのですから、大人の意図を伝えるためには子どもに思い起こしやすい手がかりが必要だということです。大人の行動の中でも子どものアンテナに入りやすい行動を「ご飯だからテーブル拭くのを手伝って」

というようにお手伝いとして提起すると、子どもは自分から積極的に行動を切り換えていきます。きっかけがあれば思い起こせること、そしてそれが自分の好きなことであれば、子どもは主体的になります。発達の主体として生きていきたい子どもたちですから、受け身でなく自分が主体的に取り組んでいる実感がほしいのです。かたづけさせられるのでなくかたづけたいし、手をつながれるのでなくつなぎたいのです。

大人がこうさせたいと思っている意図通りのことを思ってはいない子どもたち。しかし、大人が自分に何かをさせたがっていることはわかります。その圧力を感じると「イヤ」と拒否します。大人の意図を感じるから自分の「イヤ」という思いも強く感じるのです。嫌いなおひたしを保育士が食べさせようとしていることを感じるから「イヤ、こっち」と唐揚げを指さすこともできてきます。大人の意図をくぐって自分の意図を意識化し、大人がいるから自分のすることを思い起こしうるのが、一歳後半からの子どもたちの表象世界なのです。「イヤ」という拒否が出、「こっち」「ナオちゃんが!」といった自己主張が出始めるため、自我が成立してきたと言われるのですが、大好きな大人がいないと心が不安定になり泣いたり指しゃぶりがひどくなったりと、積極的に表象世界を生きることが難しい、まだ「幼い自我」だということを忘れてはなりません。

二歳前半になると、子どもたちの思い起こしうる世界がつながり始め、ママゴトもブロックの組み立ても長く続くようになり始めます。子どもは物を手がかりにしてイメージを思い起こし、さまざまな「みたて」を楽しむだけでなく、イメージをつなげてエピソードを形成していきます。ぬいぐるみを相手に一人二役でママゴトをする姿も出てきます。暁夫は長いものを見つけると、この時期必ず「注射」を思い起こし、私の腕をチクッと刺して「注射、痛い？」と尋ねる「注射エピソード」を楽しんでいました。保育所では、仲間を誘って人形を布の上に乗せて、保育士が乳児にしている「この子はいらん子」というわらべ歌を歌ったりもします。毎日の生活をともにしていると、表象世界を仲間と共有することも楽しめるのです。二歳の後半ではエピソードがつながり合ってストーリーを形成します。暁夫の注射は、ティッシュで私の腕を拭いてチクッと刺し、ティッシュで押さえて「もまないでください」という「お医者さんストーリー」に発展していきました。保育所では、保育士が読み聞かせてくれた「狼と七匹の子山羊」のお話を元に、狼から逃げて肋木の中に隠れるという「狼と子山羊ゴッコ」が取り組まれたりします。せりふも覚えますし、自分のシナリオとは違うことを親がすると「もまないでって言ったでしょ！」と叱りつけたりもします。一歳後半のような「イヤ」ではなく、大人に対しては自分のシナリオとの関係で自己を主張するのです。シナリオがしっかりしていると長く一人で遊びつづける姿も出てきて、親は楽になったなぁと感じるのです。親が見ていなくてもそれなりにストーリーが展開するため、大人次第ではない「私」、自我が確立してきたと言われるのです。「私」意識は、「ボク」「ワタシ」という第一人称として表現され、自分でストーリーを展開しうる自信として「パンツ　ヒトリデ　ハケル　モンネ」などと表現されるようになります。

一方でエピソードがつながりにくくなると、子どもは親に甘えたり仲間にちょっかいをかけたりします。表象世界が豊かになりつつあるがゆえに、次をうまく思い起こせないと不安になったり、仲間を求めたりするのです。ストーリーも実現できれば、「見て」と大人に確認してもらい、共感してもらう必要があります。表象世界が豊かになり、自分でできることが膨らんでいるとはいえ、ストーリーを一人で発展させることはまだ難しいからです。表象世界は、具体的な体験を通して心を動かされたことが蓄えられている世界です。この時期の子どもは、大人が世界を広げる手助けをしてくれなければ、イメージそのものを広げられません。楽しいお話の世界も日常生活行動も、大人との生活を通して子どもはイメージを蓄えていくからです。

こうして子どもは、二歳代にはイメージを表現するという目的を次つぎと達成していくのですが、その過程で目的を達成するために工夫し、大きさ・色・形といった素材の特質にも目を向け、賢さを増していきます。目的との関係で、まわりのものを同じ、違うなどと関連づける姿も出てきます。ところがこの過程の中で「こだわり」が目立ってくる子もいます。細かい違いにも気づくほど賢くなっているため、子どもの表象世界に融通《ゆうずう》性が乏しいと「こうでなければ」というこだわりが強まります。イメージと「一緒」であることを求めると、現実のちょっとした違いが許せません。この時期の子どもは大人との共感を通して表象世界を築いてきていますから、イメージを表現することは本来は大人の共感を求めることにつながっています。「一緒」も、外形的な「一緒」よりも共感という「一緒」を求めています。子ども同士も「一緒だよねぇ」と肩を組んだり、手をつないだりして共感を求めます。物の違いを見つける賢さは形成しているけれど、共感を求めるこころの育ちがそれに比して弱いと、「一緒じゃ〜ん」というアバウトな共感が成立しにくくなるのです。少々のこだわりはこの時期の賢さの現れですが、関心を狭め父母やまわりの人との共感を狭めていくと、子どもの表象世界のストーリーも狭いものに限定されがちになります。広がりに向かって開かれたこだわりにするためには、こだわっていることをみんなが共感することが求められます。紫の折り紙は「名城線」、黄色は「東山線」、ピンクは「桜通り線」と呼ぶまこちゃん。名古屋市の地下鉄はそれぞれの線にイメージカラーがあるのです。「地下鉄オタク」と呼ばれるまこちゃんは、地下鉄の駅名もちゃんと言えます。会話のやりとりはしにくい子なのですが、地下鉄のことなら次つぎとしゃべってくれます。

だったら「今度の遠足は、まこちゃんに地下鉄のことを教えてもらって行こう」とか「地下鉄すごろくをつくろう」などと、彼のこだわりを仲間と楽しめる開かれた趣味にしていく発想が大事です。自分の好きなことを一緒に楽しんでくれる人が友だちなのですから。

自分のストーリーをもって生活するため、三歳が近づくと子どもの生活には見通しができ、着替えや食事も次第にスムーズになり始めます。大人のしていることを取り入れ表象世界を確立し、大人と同じようにできる自分を実感すると、子どもは生活の主人公になってきます。「できるもんね～」という自信が成立してきます。ストーリーを大人の都合で一方的に変えられると心底腹を立てます。朝、「今日はお母さんがお迎えだからね」と言ったのに、どうしてもお迎えが間に合わず、お隣りのおじいちゃんにお迎えに行ってもらったら、「おじいちゃんじゃな～い」と保育園の柱にしがみついてイヤがった暁夫。翌朝保育園に行かないと言い張ります。「福祉大の学生さんが、みんな近藤先生はまだかなぁって待ってるから」と私が説得したら、「福祉大の学生は、みんな死ねばいい！」と過激なことまで言いました。それくらい腹が立ったということなのです。そのわりには大人になった今は本人はすっかりと忘れています。その後のストーリーがまあまあだったのでしこりを残さなかったということでしょうか。この時期第二子が生まれて、「赤ちゃん返り」をする子もいます。それまで築いてきた「一人っ子」ストーリーが崩され、新たなストーリーを形成するためには、大人と共感できる広がりのある世界が必要。だから共感を求めて「赤ちゃんストーリー」を演じてしまいますが、赤ちゃんのお世話をすることや赤ちゃんのかわいさを父母と共感すること、そして自分の好きなことも大切にしてもらいながら、お兄ちゃん、お姉ちゃんストーリーを子どもたちは描き始めていきます。

大人のしていることを取り入れて「できるようになること」を増やしていく幼児期前半期。世界を広げるのは大人や仲間との共感だということを大切にして、彼らなりのストーリーの確立を微笑ましく見守りたいものです。

4　まわりと新たな関係を築きたい幼児期後半期
——仲間とともに輝く主人公に

幼児期後半は四歳ごろから始まります。三歳で「私」、すなわち自我を確立した子どもたち。自分のストーリーを実現し、共感してもらうことで自信をつけてきました。ところが四歳を過ぎると情けない姿を出す子どもも出てきます。ちゃんと揃えていた玄関の靴を脱ぎっぱなしにしたり、鼻くそをほじくることが目立ってきたり、「ちゃんとしなさい」とついつい叱りたくなる姿を示すのです。

自我が確立すると子どもは、私たちと同じように「自分」というフィルターを通してまわりを見回すようになります。今までと世界の見え方が少し違ってくるのです。今まで気づかなかったことに気づくようになります。関心が急激に広がるために、今までしていたことが意味を失い、色あせて、しなくなる姿も出てくるのです。そして自分の「できるもんね」と思っていたことも、実はもっとできる子がいることに気づきます。階段三段を跳べてもたいしたことはなく、階段のもっと上から跳べる子がいることに気づくと、ちょっと心が揺れます。自分の「かっこいい」ストーリーが揺らぐのですから。そして「たつ君みたいにかっこよく逆上がりしたい」とあこがれるようにもなりますが、練習してもすぐにはできるようにならず、心は揺れて手持ち無沙汰になり、爪を噛んだり、ポケットに手を突っ込んだり、鼻くそをほじくったり、性器をいじくったりして叱られ、ますます心の揺れが大きくなります。

心が揺れてしんどいときに、父母は「がんばりなさい」「がんばって練習しろ」と励ますのですが、がんばってもなかなかできないから心が揺れてしんどいのです。「がんばる」ということばに込められた父母の期待は感じるのですが、具体的にどうがんばればできるのかがわからないために、ますます癖が強く出る子もいれば、ふざけてその場を切り抜けようとする子もいます。幼児期後半の子どもはおしゃべりが得意になっているので、大人は子どもが十分にわかっていると思ってことばでの指示を出しますが、四歳代では大人と同じようにはことばの意味を理解できてはいないのです。三歳までの子どもは、大人のことばの意味も自分の体験と実感をくぐって取り入れていますが、それはある意味で狭い世界での取り入れでした。暁夫にとって「お母さん」ということばは誰でもない自分のお母さん、近藤直子を表します。でもお母さんも、たつ君から見たら「暁ちゃんのおばちゃん」だし、おばあちゃんから見たら「娘の直子」なのだと、三歳までに築いてきた世界を視点を変えて理解し直していくことがこの時期の発達課題です。大人と同じような普遍性をもった意味（概念）の理解がこれからの発達の課題なのです。「みんな集まれ〜」と先生が言ったときの「みんな」は、クラスのみんななのか、グループのみんななのか、今保育室にいるみんななのか、集合を表す上位概念としての「みんな」の意味も、これから理解していくべき課題です。ですから大人と子どもの意味理解の間にずれがあることを踏まえた指示が必要になります。大人はアドバイスしたつもりが、子どもにとっては「ちゃんとできてないよ」という大人のイライラする気持ちだけが伝わっていることになりかねません。情動の共有から出発した乳児期からのこころの世界は、大人の気持ちを感じるセンサーを発達させています。大人に認められたいこころを子どもたちは根底にもっているのです。子どもたちが新たに広げる世界が、お父さんお母さんは「できない私を情けないと思っている」「できるようにならないとほめてくれない」といった、子どもにとってしんどいこころのストーリーを紡ぐ方向ではなく、しんどいこともあるけれど楽しいストーリーの方が残っていく世界になるよう、大人たちが自分を見直すことが求められます。

幼児期後半はとても賢くなり努力家になる時期です。自分というフィルターを通して世界を見直し、今まで気づかなかったことに気づき、取り組んだことのないことにもチャレンジします。課題意識が生まれ、課題を達成しようと練習もします。造形活動では、縦横への広がりだけでなく奥行きにも視点が向き、大がかりな造形への関心も出てきます。一つのことだけでなく同時に二つのことに気持ちを向けることも可能になり、ケンケンで前進したり、マルを意識しつづけながらハサミを斜めに使って切り抜くといった制作も可能になってきます。姿勢制御も鉄棒をつかんで斜めの姿勢をとるなど、斜めという新たな世界に気づいていきます。数の世界も自分の年齢という枠を越えた数を認識し、現実とは異なる仮の質問に答えるなど、過去と現在を結び合わせた振り返りができてきます。友だち同士の関係にも目が向き、ゴッコも役割分担を伴う遊びに発展し、かくれんぼや鬼ごっこなど、友だちの動きを意識しながら行動する遊びが楽しくなってきます。男の子たちがよくケンカをするのが気になり、何とかしたいと、やたらと先生に告げ口する子も出てきます。「こころの理論」といって、相手の視点に立てることがこの時期の発達課題として注目されていますが、大人のことばの意味を理解し直すこと、仲間同士の関係を通して仲間の行動を理解していくことなどの取り組みが、相手のこころを理解しようとする力を生み出しているのでしょう。

しかし四歳代は中途半端で、大人のことばの意味理解も不十分だし技のコツもうまく理解できないため、ピント外れの努力を繰り返し、しんどくなる時期です。友だちにあこがれるから練習するけれど、なかなかできません。でも、あこがれてイメージトレーニングしているから、がんばりつづけられるのです。そんなときにお母さんに「たつ君たら逆上がりできるんだよ」と友だちのすごさを報告します。お母さんが「あんたは？」と聞くと「ボクも今日できたよ」などとつい言ってしまい、「そんなら見せて」と迫られてウソだとバレて叱られるという、つらい思いをする子も出てきます。悪気はないのです。今までは苦手だったからしなかったことにも、仲間にあこがれるから挑戦しようとする健気な自我。自分というフィルターが曇ると仲間と自分の関係がうまく調整できないだけなのです。ウソを叱ることよりは、子どものかけがえのない「こころのストーリー」が曇っていないかを振り返ることが大切です。仲間にあこがれるがゆえに子どもが自分のよさを忘れ、自分を小さく感じていることに対して、「お母さんは小学校に入ってからできるようになったよ」と見通しを提示することや、子どものこころのストーリーの中に本人のよさを位置づけられるように本人の好きなことをともに楽しむこと、お手伝いなどで当てにして子どもが自分の育ちを実感できるようにすること、そして寝る前には何が何でも「かわいい」という思いを抱きしめて伝えたいものです。多くの親は「できることが増えることが自信につながる」と思っていますが、子どもは「お父さんお母さんに無条件に愛されている」というストーリーを紡ぐことを願っています。「かわいい」という親の思いを子どもが実感できる生活の営みが重要な時期に入ってきたことを踏まえておきたいものです。

五歳も後半に入ってくると、子どもたちのがんばりがだんだんとポイントを押さえた効率的なものになってきます。練習の積み上げも経験から学ぶものになってきます。竹馬が乗れるようになった四歳児に「なぜ乗れるようになったの？」と尋ねると「がんばったから」という、がんばりに力点を置いた答えが返ってきますが、五歳児に尋ねると「なぜ自分が乗れなかったかというと、竹馬の持ち方が悪くって、たつ君に教えてもらったら乗れるようになりました」と過去を振り返り、自分のがんばりの内容を指摘することができたりします。大人のことばの意味がわかりアドバイスを生かせることや、仲間を見る目がしっかりしてきて「教え上手な子」に教えを乞うことも増え、クラスの障害児への支援も保育士の支援方法をしっかりと観察して相手に合わせたものになってきます。経験を整理し筋立てる力量は、お話の筋を理解して劇遊びを楽しむことや、自然界への知的好奇心にもつながり、学習図鑑や科学絵本への関心にもつながって、小学校入学時期が近づいたことを感じさせます。

経験を順序立てて整理し経験に学ぶことができることは、自分の成長を意識化すること（メタ認知）にもなり、これからの自分の成長をより期待する気持ちも生まれ、より高まろうとする向上心が育ちます。年長さんになると多くの子どもはしっかりしてきて、「早く学校に行きたい」と学校にあこがれる子も出てきます。自分の成長を意識すると大人の加齢も意識化するため、「お母さんは大きくなるとおばあちゃんになるの？」「おばあちゃんになると死ぬの？」と心配して「お母さんと一緒にお墓に入る」などと親泣かせのことを言ったりもしてくれます。自分の経験を振り返る力は、大人のこころを慮《おもんばか》る力をさらに発展させ、我が子を亡くして自分を責めている母を「りこ（妹の名前）は一人で考えて選んだんだよ」と慰める（『天使のひと言』祥伝社文庫）など、「これが幼児なの？」というような思いやりのこころを示したりします。母の後ろからついて行くという日々の生活経験を通して、「捨てられた」「お父さんかわいそう」といった悲しい「こころのストーリー」を五歳の私も積み上げてしまったのです。大人はよかれと思って励ましていても、子どもは「できない自分はダメ」「親の期待に応えられないと愛されない」などのストーリーを積み上げているかもしれません。いつの間にかそんなサインを送っていないか、大人たちの子ども観が問われるゆえんです。本音が出しにくい、まわりの人の目を気にしすぎるなど、現代の若い人たちの特質が語られますが、狭い人間関係の中でストーリーが硬直化しやすいことが、自分の思いの出しにくさにつながっているのかもしれません。

保育所や幼稚園で集団から外れがちな子どもたちの中に、アスペルガー障害、AD/HDなどと診断される子どもがいますが、大切なことは、みんなと同じことができることよりも、幼児期後半にいる彼らがどんなストーリーを紡ぐかということです。大好きな担任の先生が休んで不安なときに、ついお友だちを叩いてしまったけん君。園長先生が優しく「なんで？」と尋ねたのに、不安な気持ちと「叱られた」というストーリーが思い浮かんで、つらい気持ちをどうしようもなかったのでしょう。乳児組の網戸を力任せに破ってしまいました。どうしようもないほど気持ちがいらだっているとき、私たちも「なんでそんなに怒っているんだ」と言われることでますます腹が立つことがあります。わかってくれていないことを実感させられるからでしょう。「イヤな気持ちがしたんだね」「腹が立ったんだ」「先生がいなくてイヤだったんだ」などと受けとめてもらうとともに、けん君の大好きな鬼ごっこをクラスの仲間も巻き込んで楽しんでいるうちに、突発的な爆発はなくなっていきました。「みんなから嫌われている」「園長先生は怒ってばっかり」「したくもないことばかりさせられてつらい」というストーリーになりかかっていた園生活が、気持ちを受けとめてもらえた実感とともに、好きな鬼ごっこを保育者や仲間と楽しみ、保育者にも仲間にも認められていく中で、楽しい保育園ストーリーに編集し直されたのです。

知的障害がある子どもたちの場合も、字が書けるかどうか以上に、自分が学校でどんなストーリーを紡いでいるのかが重要です。いじめられ、バカにされたことが大きく残ればしんどいストーリーになってしまいます。みんなからかわいがられた場合にも、「だから楽しかった」というストーリーになるのか、赤ちゃん扱いされたというストーリーになるのか、微妙ですよね。同じような体験も、この時期の子どもは自分というフィルターをくぐってストーリーが編集されるからです。まわりの人たちと新たな関係を築き、自分が仲間の中で輝く主人公になることを願っているこの時期、世界を広げ人間関係を広げることでマイナスな思いを軽減するとともに、「そんなあなたがかわいいよ」と本人のユニークさを父母や大人たちに受けとめてもらえているかが重要です。こころが安定すると、子どもは苦手への挑戦も含めて、新しい自分を築くことに向けて試行錯誤もできるのです。

大人たちとも仲間たちとも新しい関係を築きつつ、人びとともに生きるストーリーを編集し始めた子どもたち。まわりの人たちとの共演が、ストーリーをより輝かせるものとなるよう、彼らのよさが輝く活動と仲間関係を保障したいものです。

5 大きさという価値を求める学童期

――大人とも仲間とも新たな関係に入って

自分の経験を筋立てることができてくると、子どもは経験から学ぶことができるだけでなく、より賢くなろう、よりカッコヨクなろうと向上心をさらに伸ばしてきます。高学年にあこがれ、冒険心も膨らんできます。低学年の子どもたちの向上心は「より大きくなろうとするこころ」に支えられています。自分の成長を自覚した子どもにとっては、より大きくなることが自然な方向だからです。大きくなることに意味を感じ、主体的に大きさに向けて世界を広げていきます。

七人家族だという友だちが家族の数の多さを自慢したら、暁夫は「僕のお母さんは三七歳だよ」と母の歳が多いのを自慢していました。また保育園時代は満足に回せず泣きながら練習していたコマも、学童保育所の「コマ教室」で黙々と練習に励み、上級生に教えてもらいながらコマの級を順次上げていき、高学年になると低学年にコツを教えて「コマ名人」の称号を授与されるほどになりました。家族の数も親の歳もコマの技も、大きくしたいし自慢したいというのが低学年の価値観です。大きくなっていく先にいる大人たちの価値観を、子どもは受けとめながら「大きさ」を求めていきます。テストの点を百点にすることや、エレクトーンのグレードを上げること、スイミングの級を上げることが子どもたちの目標になり、がんばりうる子が出てきます。週に何日ものお稽古ごとや塾があって忙しくても、「大きさ」を求めている向上心は「疲れた」と言いにくいのです。小さく感じられたくないのです。

ですから子どもたちはこの時期、自分の大きさを示したいがゆえに、自分たちから見たら「小さい」存在をより小さく見せることで自分の大きさを浮き上がらせたりもします。学校が休みの日に私がマンションの前の階段に座っていたら、近所の子が話しかけてきました。一緒に話し込んでいたら、女の子たちが寄ってきて「おばちゃん知ってる？　その子、学校でおしっこ漏らししんだよ～」と告げ口するのです。私は「そう？　おばちゃんも一年生のときに学校でお漏らししたよ～。おじちゃんなんか、五年生のときに学校でウンコ漏らしたんだよ」と語ると、子どもたちはびっくりして去っていきました。わざわざ小ささをあげつらうことが続けば「いじめ」ということになります。低学年期は、いじめようとは思っていなくても、自分を大きく見せるためにいじめることが増える時期です。また、クラスの決まりごとなどに関しても、「先生が言ってたのに」と一方的に仲間を非難する姿も出てきたりします。

子どもたちは「大きくなりたい」と願っているため、大人の求める「大きさ」に向かう努力もする一方で、学校外の「自由な」生活の中では自分たちで「大きさ」を模索していきます。「良い子はここに入らない」という看板が立ててある所にわざと入り、事故に遭いやすいのもこの時期の子どもです。家と家の間の狭い隙間を通ったり、壁をイモリのように伝って上ったり、民家の屋根に上ろうと奮闘したりと、忍者のように身軽になるのもこの時期です。時代時代に子どもたちが集めるものは違っていますが、収集癖が出てくるのもこの時期の特徴です。ぬり絵、ブロマイド、メンコ、ビー玉、牛乳ビンの蓋《ふた》、ビックリマンシール、リカちゃんセット、セーラームーングッズ、ムシキング、ゲームソフト、お化粧セットなどなど。そしてそれらを使いこなす技を身につけることにも力が入ります。財産を増やすこと、技を蓄えること、知恵を増やすこと、その子なりに大きくなろうと子どもたちは挑戦を続けます。大きくなりたいし、冒険し、技を広げたいために、高学年児にゾロゾロとついて回ったのが昭和三〇年代までの子どもたちでしょう。現在は、大きくなりたいし、冒険し、技を広げたいけれど、同年代の子どもたちでつるむしかなくなってきて、ちょっとした友だち関係の狂いが、「大きさを感じたいこころ」を押しつぶしてしまうしんどさがあるのではないでしょうか。

大人の求める大きさに応えようと努力するから賢くもなり、スポーツやさまざまな技術も向上させ始めますが、何でもかんでもがんばっていたら誰でも疲れてしまいます。低学年のうちはがんばっていたお稽古ごとも高学年になると熱が冷めてくるのですが、親は「この子に自信をつけさせたい」「財産よりも技術や学力を身につけさせたい」と思いがちです。私は読書や算数の学習は好きでしたが、スポーツは苦手意識が強く、自分からしたいとは思いませんでした。でも休み時間に「マリつき」や「ゴム飛び」「釘倒し」「雲梯《うんてい》」などをして遊ぶのは楽しいことでした。こうした遊びは家に誰かが来て誘われればしましたし、姉妹ではしましたが、どちらかと言うと家では本を読んで過ごす方が好きでした。暁夫も学童保育所では集団遊びに取り組んでいましたがスポーツは完全に苦手で、家では読書三昧。それぞれに持ち味があるのですから、あれもこれもと言わずに、学校ではちょっとがんばって「大きさ」を感じ、放課後は楽しみを感じながら少し世界を広げて「大きさ」を感じて、家庭ではマイペースで過ごすのでよいのではないでしょうか。小学生はいくつもの顔をもっています。過ごす場で顔を変えることも「大きさ」を求める小学生ならではです。学校でがんばっていればいるほど、家庭ではくつろぎを求めています。私たち大人と同じです。甘えたりマイペースで過ごすことが「小さい」「情けない」と感じられることのないようにしたいものです。食卓に嫌いなものが出ると「こんなもの食べられへんの知ってるやろ！」と箸を母に投げつけて押し入れに込もって泣いていた私。「母に愛されていない」というこころのストーリーを、嫌いな料理が象徴しているように感じていたからでしょう。親は子どもを愛しているのに、子どもは小さい胸を痛めていることになっていないか、見直してみたいものです。

「大きさ」を求めているがゆえに、生活の中で「大きさ」を実感できないことは、子どもにとってつらいことです。学習もスポーツも特にめだったところがない子どもが、学校で教師に叱られたり、仲間からイヤなことを言われたりすると、学校外で「大きさ」を見つけようとします。わざと悪さをする、母親の財布からお金を盗み出して友だちにおごって「大きな顔をする」、大きい兄ちゃんにくっついて大人の目を盗んで万引きをするなど、非行の低年齢化と言われるような行動が出てくるのも、その子独自の「大きさ」が実感されていないからです。叱られても叱られても繰り返す子は、自分ならではの価値「大きさ」を何に求めてよいかわからず苦労している子です。厳しさよりも、この子のよさを生かし膨らませる活動を考えることの方が大切です。家庭に居場所がない子どもも問題を起こしてきます。家庭ではくつろげず適切な甘えも保障されていないと、自分の絶対的な価値が揺らぎます。価値を感じたいから「大きな悪」を求めてしまうこころを受けとめ、理解したいものです。障害があるために学校でも家でも「大きさ」を感じにくかったり、受けとめられた実感の乏しい人たちにとっては、こころが傷つきやすい時期だということも踏まえておくことが特に重要です。

小学校低学年では「大きさ」を求め、自分の価値を実感したいと願っていますが、高学年になると、「大きさ」を代表していた大人の位置が揺らいできます。体が大きくなり第二次性徴が始まる子どももいることが、大人と子どもの関係を揺るがしますが、それ以上に大きいのは考える力がついてくるためです。低学年期には子どもは自分の経験を筋立てて整理し理解し始めました。二年生ごろには過去から現在へと筋立てた後に、再度現在から過去へと振り返るようになります。検算ができるのも振り返りの力の反映です。頭の中でこうした振り返りを繰り返すことを「内言に基づく思考」と呼びます。考える力が大きく伸びるのが高学年期です。考えること自体に意味を見出し、自分が考えたいテーマに関して力を発揮していきます。そして自分が何を考えているかを振り返り吟味します。だから首を吊っている「私」を私が眺めているなどという夢も見ることができるわけです。わくわくする楽しいことに向けて考える力を使えばいいのに、あれこれと答えの出ない問いを考えて苦しくなる子も出てきます。自殺が死因に登場するのも、この考える力の育ちによるしんどさからです。

自分が考えているということは、大人たちも考えているということです。だから大人の考えを読もうとします。将棋や碁がぐんと強くなるのはこの時期ですが、相手の手を読むから強くなります。スポーツでもゲームでも、手を読み、作戦を立てるため、効率よく勝てるようになります。サッカーなどのチームプレイでは敵の動きを意識したフォーメイションがとれるようになります。計画的になり作戦も立てられる一方で、秘密ももつしウソもつきます。相手の考えを読むということは、親や教師が自分の考えを読んでいる可能性に気づくことです。だから自分の考えを読まれたくないというこころが、秘密やウソにつながります。いじめられていてもなかなか親に言えず、問われても「いじめなんてないよ」とウソを言います。自分の価値を模索してきた経過が、その子なりのプライドを形成しています。だからいじめられているような情けない姿を隠さざるを得なくなるのです。親や教師には言わずにメールで自分の思いを語る子が多いのも、自分の姿を隠すことができるからかもしれません。

　こうして大人とは一線を画すようになるのですが、大人の考えを読むことで、大人の裏と表、建前と本音にも気づいていきます。「えらそうなことを言っていてもひいきしてるよね」と批判もし始めます。私が五年生のときに、家庭科の先生がクラスの「問題児」と思われていた男子生徒に対して「この刺繍《ししゅう》はお母さんがやったんでしょう」と一方的に決めつけ、彼は怒って教室を飛び出して行ってしまったという事件がありました。私は何人かのしっかりした女子に働きかけて、休憩時間に職員室へ行き、「先生が間違っている。

彼が自分で刺繍していたのを私たちは見ていた。彼に謝ってください」と抗議しました。正義感に裏打ちされた行動でしたが、このように教師を批判しようとする態度自体が高学年の特徴でしょう。暁夫も児童会の役割で「挨拶のことば」を考える機会が何回かありましたが、自分なりのユーモアを入れたつもりが教師のチェックにあい、「先公がぁ〜」「自分たちの思うようにしゃべらせたいなら、生徒に書かせなけりゃいいのに〜」と怒っていました。

大人と一線を画すようになることは、大人の代わりのこころの受け皿としての仲間の位置が大きくなり始めることです。いじめられたり、メールでイヤなことを書かれても仲間から離れられないのも、仲間の位置が大きくなってきているからです。ところが思考を読むようになってきた子どもたちは、仲間の思考も読もうとしてしまいます。「こんなことを言ったらどう思われるか」などと考えてしんどくなる子や、たいして楽しくもないのに仲間と離れられない子も出てきます。アスペルガー障害の子どもが、友だちにどう思われているか気づくのも思考力のたまものです。大人との関係でも仲間との関係でもしんどい思いをしていると疲れてしまいます。本来は高学年は計画を立てたり、作戦を立てたりと、低学年までとは違うハイレベルの楽しさを味わえる時期です。子どもたちだけで計画を立てて遠出をすることもできるし、好きなことでは技も知恵も力も大人に負けない水準を示し始めます。つらいことも悲しいこともあるかもしれませんが、自分たちがつけてきた力を仲間とともに使いこなす楽しいワクワクする体験を通して、輝ける少年少女期を保障したいものです。

6 迷いながらも人生の方向性を模索する青年期
——大人との距離をコントロールしつつ

中学生から大学生の時期は一般的には青年期と呼ばれ、「揺れる青年期」として、不登校、いじめ、自殺やリストカット、非行などが増える時期です。身体的には小学校高学年で第二次性徴を迎える子どもが半数を数える時代となり、思春期の開始が早まり、からだは大人になり始めてもこころは大人にはなり得ないという期間が次第に延びてきて、しんどい思いをしている子どももいます。子どもから大人へのマラソンコースを走っているとも言える状態です。

なぜ中学生ごろから子どものこころは大きく揺れるのでしょうか。身体的に大きく変化するこの時期は、イヤでも自分の変化を意識させられます。自分の見え方もすごく気になります。おしゃれとは縁遠い私でも、この時期、鏡を見ては「なぜ顔の縦よりも横の方が長いのか」とか「どの髪形だと顔の丸さがカバーできるか」とか「八の字眉毛があかんのや」と眉毛を剃ってみたりしていました。みんなと違いすぎるのもイヤだけれど、みんなと同じだと思われるのもイヤで、自意識過剰と言われるでしょうが、他人の目がすごく気にもなってくるのです。仲間と大声でわめくように女子高校生が連なって歩くのも、仲間とのおしゃべりに没入していることで他人の目を意識しないですむからかもしれません。

自分が変わりつつあることの意識は、自分がどう変わっていくのかという方向を自ずと意識させてきます。主体的に自分を変えていくべき方向を求め始めますが、自分の求めるべき方向が見えないのもこの時期の特徴です。中学生から大学卒業まで一〇年の月日があります。長い青年期のトンネル、子どもから大人へのマラソンコースです。出口が見えにくく、今どこを走っているのかもつかみにくい。その間は方向性がつかみにくい状態が続くのですから、子どもはなるべく間近な方向性に救いを求めます。マラソンの給水所までとにかく走っていこうという感じです。中学の部活や勉強でよい成績をとるという目標が達成されていると、その間はまあまあ安定できるのですが、高校では今一つ成績が伸びないとか選手になれない、ケガや病気で思うに任せないといった現実にぶつかると、途端に揺り戻しが生じてきます。中学では高校進学を、高校では大学進学を間近な目標として位置づけたけれど、実は自分が意味を感じうる方向ではないと感じて苦しくなる大学生もいます。親から見ても教師から見ても、学習や学校生活をそこそこまじめに取り組んでいて「安心」であったとしても、本人は自分がどこに向かうかという「こころの課題」を抱えていることを踏まえておきたいものです。ときどきはしんどさを感じています。眠られない日もあるでしょう。こころを休めうる生活を保障することを忘れてはならないでしょう。中学時代も高校時代も学校生活については楽しいことが多かったのですが、でも金縛りに遇い、学校を一歩出れば友人を避けていた私は、一人になると死ぬことや死に方を考えていました。今だったら「自殺サイト」にリンクしていたかもしれません。大人に対してこころの距離をとり批判的になりつつあるこの時期は、しんどさやつらさを大人には素直に出しにくいものです。仲間には出せる人もいるでしょうが、私は友人にも自分の気持ちを語ることはできませんでした。「こんなことを考えているのは私だけだ」という思いがあったからです。

一方勉強はわからないし部活もおもしろくないなど間近な中学生活で自分の方向性が見えないと、自分が関われそうな社会に方向性を求めていきます。自分自身の方向性はまだ見つけにくいので、タレントやシンガーなどの活躍に自分を重ねることで揺れを小さくしようとします。ファッション、バイクやタバコ、タトゥー、性関係など、子どもには手が出しにくいことに手を出すことで「子どもではない自分」を表現しようとします。大人からは非行と呼ばれるわけですが、自分の方向が見つけにくくて不安だから選んだ道です。大人とは一線を画しているのですから、不安を支えてくれる誰かを求めます。以前であればそれは、暴走族のリーダーなど少し上のカッコイイ世代だったのですが、現在はなかなかそうしたカッコイイ先輩に身近では出会いにくいのではないでしょうか。同じ年頃の子ども同士が支え合おうとすることでグループ内の依存性が高まり、ちょっとしたことでの人間関係のもつれが孤独につながるように思います。

人間は誰かに受けとめてもらわなければ主体的になりにくい存在です。青年期は親からは心理的に離れ始めています。自分の方向を見定めるための道のりは、はるか遠くしんどいものですが、親にはもう頼れません。そんなしんどい営みを支えてくれるのは本来は仲間です。しかし、仲間との関係が築きにくい人や「自分はみんなとは違う」と感じやすい人は、仲間との関係にも疲れてしまうでしょう。障害のない人たちの集団でずっと育ってきた人がしんどくなるのも、自分だけしか障害者がいないという孤独感があるからですし、仲間とのずれを感じながらも無理に合わせているためです。知的障害のある人や自閉症スペクトラムの人たちが自分の居場所を喪失したと感じるのも、親から離れようとしても受け皿が見つからないからではないでしょうか。趣味や関心を共有しうる仲間がほしいという潜在的な願いに私たちはどう応えているのでしょうか。

私は偶然出会った障害児のボランティア活動を通して、自分がしたいこと、自分のできることを見つけることができました。暁夫は鉄道や昆虫、鉱石や歴史そして地図などに凝り図鑑大好き少年として育ってきましたが、中学、高校生活においては、もっぱら社会科の教員との関係が支えになっていたようです。大学に入学し地理学を専攻し、同じような関心をもった話が合う友人たちを初めて見つけて「こんなに楽しいことはない」と生き生きと生活しています。暁夫のように幼いときから「これが好き」というものがはっきりしている子は、かえって進む道がはっきりとするのかもしれません。スポーツも算数や数学も英語もと、先生方は幅広いものを暁夫に求めましたが、私も夫も「オールマイティ」になるよりも、好きなことを生かしていってほしいと思ってきました。私は「本を読むこと」と「勉強が好き」だったし、体育以外は「どの科目も満遍なくできた」のに、人と何かを一緒にするのはあまり好きではなかったから、かえって何がしたいのか見つけにくかったとも言えます。小学生時代に大人は、子どもが「大きさ」に向かってチャレンジしてくれるがゆえに、「あれもこれも」と求めがちになりますが、子どもにとってみれば「好きなことを生かすこと」が、最も無理のないことなのではないでしょうか。しかし好きなことを生かして仕事をしていけるかというと必ずしもそうではありません。自分の価値とは何か？　と問うたときに答えが見えにくくなっています。世界に一人しかいない人間としてすべての人に絶対的な価値があるはずなのに、本人はそうは思いにくいから人生がしんどいのです。社会は本人のかけがえのない持ち味を必ずしも受け入れてはくれません。職場でも「オールマイティ」が求められがちです。持ち味を生かし合って協力し、集団として力量を広げていくという考え方が、「成果主義」の名の元に否定されてきています。若者が派遣や委託、請け負いといった不安定雇用のもとで、使い捨てカイロのような扱いを受け、自分の価値を実感しにくくなっています。青年期という不安定な時期をますます不安定にしている社会の現状にメスを入れることが、一歩先を歩んでいる大人たちの責務のように思えるのです。青年たちは「社会の木鐸《ぼくたく》」と呼ばれ、生きている社会によって姿が違ってきます。それは自分の道を見つけることが課題だから、社会の中で認められうる道を見つけようとすれば、社会が求めているものに敏感にならざるを得ないからです。私は紛争世代として大学に入学しましたから、公害や人権などの社会問題とともに、大学の社会的責務に関しても強い関心をもったのは当然といえば当然なのです。現在の学生が、社会問題よりも自分の就職や就職先の給与に関心があるのも、「格差社会」と呼ばれる中で少しでも安定した仕事を得ることが自分の課題のように感じるからでしょう。青年期のドラマは、社会によって演出の仕方が大きく変わるのです。「現代の若者はダメだ」と批判する前に、若者がじっくりと自分の道を見つけることを励ます社会の仕組みを築くことが大人たちには求められているのではないでしょうか。

7　役割を生きる――次世代を育成する成人期

青年期に自分の方向を見つけたとしても、私たちは迷わずその道を歩んでいくわけではありません。多くの人が「この道でよいのか」と悩み、迷い、疲れて一息ついたりしています。現代の日本では多くの職場が「もっと働け、もっと成果を上げよ」と求めてくるため、自分の価値が実感しにくく、そのために「他の道」へと分け入ったり、うつになって自殺する人も後を絶ちません。一人ひとりのこころのストーリーが「もうこれ以上がんばれない」という差し迫ったものになっているのではないでしょうか。

私は大学時代に障害児と出会い、障害のある子どもと父母を支える人間になりたいと思い、障害児施設の職員を目指しながらも腰痛のために諦めました。だから「障害児施設の職員を育成する仕事」を目指して大学院に進学する一方で保健所で発達相談を担当し、父母を「支える仕事」に取り組みました。怖いもの知らずのところのある私は、夫とは大学院の一年生のときに結婚しました。夫も大学院生で収入の不安定な非課税世帯からの出発でした。二人とも就職がなかったらどうしようかという不安はありつつも、保健所で大阪のお母ちゃんたちにシビアに鍛えられながら、保育所で一歳児の観察研究を進めるという楽しい日々を過ごしました。幸運なことに博士課程に在学中に日本福祉大学に就職が決まり、志通りに保育科の教員になりました。でもなかなか複雑なもので、大学の教員という身分というか役割をもつと、初心が次第に隠れてしまうのです。大学の教員として研究成果を上げなくてはならないと焦ってくるのです。子育てをしながらも何か成果を上げなくてはと、子育てを純粋に楽しみきれなくなります。「自分が選んだ道」は成人期には何か具体的な役割（仕事や親としての立場など）になって位置づいてきます。自分の道を進むことよりも役割をこなすことが人生のストーリーになってしまうのです。そうなってくると、日々の忙しさの中では保健所の発達相談が余分な仕事のように思えて負担に感じるようになりました。私の三〇代は、子育てを通して多くの保育園友だちや学童保育友だちができた一〇年間でしたが、障害児のことは後ろに隠れていった一〇年間でもありました。

四〇代になって、障害乳幼児の療育実態を調査する過程で保育運動にも本格的に関わるようになり、あらためて自分の初志である、障害乳幼児と父母を支える仕事を「運動」「組織づくり」「制度検討」などを通して具体化するようになりました。夫の職場が変わり同居できるようになったことで、職場でも役付きとなり「障害児と元気に関われる学生を育てうる」大学づくりという、大学の在り方にも本格的に目を向けて仕事を展開するようになりました。研究者であることよりも、障害児とその父母の応援団でありたいと願う気持ちが現在は強く、講演のテーマも発達のことよりは障害児の療育システムづくりに関するものの方が多くなっています。職場でも学生部長を六年勤めたり、教職員組合の委員長に三期立候補したりと、「日本福祉大学初」の歴史を築いていっています。夫の病気や死とのつきあいを除けば元気一杯な「オバサン」状態です。

青年期に見つけた道も、漠然とした方向性から、成人になれば「何らかの役割」として位置づきます。仕事の上での役割や役職、夫、妻、父、母といった家族の中での役割、町内会の当番や保育所の保護者会長といった地域での役割、成人だから果たすべき役割が具体的に位置づいてきます。役割を果たしているうちに私たちは、役割の元にあった自分の道よりも、役割を果たすことが自分のストーリーなのだと錯覚していきます。「福祉の仕事をしていたのでは結婚もできない」と、低賃金・長時間労働の施設労働から卒業生が離れていくときも、福祉の仕事を目指した根本にあった「自分の道」が「新しい家族を形成する」という成人役割に取って代わられているのではないでしょうか。福祉の仕事が好きならば、共働きで協力し合えばいいのですし、福祉の職場の労働条件を変えていくために利用者と手を携えて運動すればいいのです。でもなかなかそうは思えないのは、福祉施設職員という役割を生きることが本人にとっての意味になり、福祉の仕事を通して実現したかったことが見えにくくなるからです。

結婚し子どもを生んで「良い母」になりたいと願っていた人が、子どもに障害があるとわかって混乱するのも、母親役割の多くは自分の母親を模したものか、または母親への反発から描かれたものだからです。想定外のテーマには対応できないから混乱します。私が夫の進行する病状につい涙が出たり、死によってしばらく仕事ができなくなったのも、夫の衰えていく姿を見るのがつらかったことはもちろんですが、私の描いていたストーリーでは、まずは夫の母が亡くなってから、歳の順に兄弟が人生を終えていくであろうという「普通のドラマ」だったのに、まったく想定外のストーリーが急速に展開していたことが心理的に受け入れがたかったからです。

成人期は子育てや仕事を通して、また地域生活を通して、次世代を育てていくことに意味を見出す時期だとエリクソンは主張しています。その通りでしょうが、職場では正規職員の採用が減り、日雇い的な仕事が増えています。ということは次世代を育成する機会が与えられている人は少ないということです。成果主義の名の元に競争させられているために、次世代を育成するゆとりもなくし、持ち味を生かし合って協力することでより大きな仕事をなし得るという実感も奪われ、使い捨てられる不安と「自分の道」が見えないという不安でさいなまれている大人が増えているのではないでしょうか。子育ても成果が求められてはいないでしょうか。使い捨てになるような大人にしないために、子ども時代から付加価値を付けなくてはと焦り、子どもを愛しているのに子どもからは「お母さんの思い通りにはなれない」と子育てを否定され、自分の人生にとまどっているお母さんもいることでしょう。

このままではあかん。そう感じている人も増えてきています。自分の持ち味を生かして職場や子育て仲間とつながってみませんか。役割を果たすことに意味を感じる成人期なのですが、自分が真に求めていたのは何だったのか、振り返ってみませんか。求めたものが得られていないのは、あなたの責任ではありません。社会の現実の中で役割に埋もれてしまった、あなたの真に求めていたストーリーを思い出してみませんか。そうすれば、つながれる人が見つかると思います。私は今たくさんの人とつながっています。障害児の療育・保育に取り組んでいるたくさんの現場の方たち。三〇年の教員生活の中で出会った学生たち。少しはお役に立てたのではないかと自惚れている障害児のお母さんたち。大学を辞めても、きっとこうした人たちとのつながりは切れることがないと思っています。自分にとって最も大切なことは何かが見えてくると、人生はぐんとおもしろくそして楽しくなります。今しんどいあなたも、今のしんどさにつきあえているということは、こころのストーリーの根っこにステキな何かをもっているからだと思います。攻撃的で行動的な私はあなたとはテンポがずれるので、あまりお役には立てないでしょうが、あなたにはあなたとテンポの合う人が必ずいます。人間は人びとの中で育っていくのですから、決して一人ではないのです。

8　人生の集大成に向けて——老いと死に向き合う高齢期

「人間の究極の平等は死だ」と言われますが、世界各国を見れば死は決して平等には訪れていません。アフガニスタンやパレスチナでは現在も砲火の下で亡くなる子どもたちが後を絶ちません。スーダンでは飢えで亡くなる子どもがたくさんいます。死を迎える時期も原因も決して平等ではありません。私たちの日本は憲法で戦争放棄をうたっているおかげで、多くの人が高齢期を迎えうる平和な社会となっています。それでも夫のように六一歳という、日本人の平均寿命から見たらまだまだ若い「いい人」が病に倒れていくのですから、決して平等ではありません。

成人期が役割を果たすことに意味を感じた時期だとしたら、高齢期は成人期の役割を喪失していくことを受けとめ、新たに自分の世界を再構成する時期だと言えるでしょう。成人期の仕事や子育てといった役割は、日本では多くの場合六〇歳ごろに喪失します。職人や農家などの場合は仕事に定年があるわけではないため、役割は自分なりの果たし方ができますが、若いときほどはがんばれないという実感が喪失感につながるであろうことは想像に難くありません。父は五五歳定年でしたが六五歳まで再就職先で働き、その後は母子家庭の姉の家の隣に住んで甥の「父親代わり」を自認していました。母は通信教育で大学を二校も卒業した勉強好きでしたが、四〇代後半からヨガに凝り始め、五〇代後半からはヨガ教室の教師として七三歳で亡くなるまで働いていました。高齢期を迎え始めるころには、それぞれが自分の新たな役割を捜すということです。大学教員は一般に定年が遅いため、教員でありつづけることにこだわるところがありますが、夫は学生を教えることはもちろん大好きでしたが、彼の遺した本を暁夫と整理していて、教育学の専門書よりも短歌、俳句、詩集、小説、宗教書、山の本、地図、美術書、写真集などの方がはるかに多いことに驚きました。仕事しつつも月二回の山行きを楽しんでいましたが、それだけでなく退職後の楽しみをたっぷりと蓄えていたのだと今さらながらに感じています。インテリと呼ばれる人の中には、教えたい、導きたいという姿勢が一般の高齢者との間に垣根をつくることになり、孤独な高齢期を過ごす人もいますが、夫はさまざまな分野に多くの友人を得ていたので、きっと充実した高齢期を送ることができたであろうにと、あらためて若すぎる死だと痛感しています。

自分の人生に意味を見つけたいというこころは、役割という「見えやすい意味」をなくしたときに不安に陥ります。仕事はもちろんのこと、子どもたちはみな独立し、夫婦のどちらかを亡くし友も亡くなっていく。からだは思うようには動かない。しかし時間はありあまるほどある。それが高齢期の生活です。失うものが多いけれど、そして人生のゴールまでの時間は短いかもしれないけれど、日々の時間はたくさんある。このことを意味あるものと感じるか、だから虚しいと思うかによって、高齢期の輝きが変わってくるのではないでしょうか。忙しさの中でしないですましてきたことや好きだったけれど十分にできなかったことを、たっぷりある時間の中で取り組むことで、新たな喜びも友も、もしかしたら伴侶も得るかもしれません。そう考えると老いることもまんざらではないですよね。老いることが虚しいことのように感じるのは、時代の流れが早すぎて高齢者の知恵や経験が今に生きにくいからです。以前であれば長老として尊敬された知恵が「古いもの」になってしまうために、高齢者の人間関係や生活が狭められているのです。

私が物心ついたときには、父方の祖父も母方の祖父も亡くなっていました。父母の母親は姉妹でしたが二人ともなかなか気のきつい人で、孫をかわいがる優しいおばあさんからはほど遠い人でした。だから私は正直なところ年寄りは好きになれないのです。自分ももうすぐおばあさん世代なのにね。いつまでも肩書にこだわり職を辞さない「えらい人」や、若者をバカにする人が許せないのです。心が狭いのですね、きっと……。祖父母にかわいがってもらった暁夫の方がうんと高齢者に優しいのです。理屈ではなくどういうストーリーを描いてきたかなんですよね。

私にとって最も身近な高齢者は父母でしたが、母は死ぬまで母らしさをまったく失いませんでした。S字結腸ガンが転移し「余命三か月」が宣告されたときも、自分の葬式の仕方から財産分けまですべて自分で決めて亡くなりました。父はアルツハイマーによる認知症で、姉との間に軋轢《あつれき》があり私が面倒を見ることになりましたが、父の関係でケアハウスや老人保健施設、そして特別養護老人ホームと、いろいろな場を体験させてもらいました。どの場でも、高齢者を一人の人間として尊重することが本人の安定にとって大切だということを実感しました。父はケアハウスに併設されたE型デイサービスを利用させてもらっていましたが、私と夫が訪問するとロビーまでエレベーターで下りてきて、私たちに「やぁやぁ」と大きな声で挨拶していたのですが、ある日、デイの体制のためか、デイまで迎えに行ってほしいと職員から指示されました。私がデイに行くと職員が「娘さんですよ」と声をかけてエレベーターに乗せたのですが、いつもとは違う場所で会っても私だとは認知できず、エレベーターの中でずっとブツブツと文句を言っていました。エレベーターが開いて夫の姿をロビーに見つけると途端に機嫌がよくなり「やぁやぁ」と声をかけるのです。私たち夫婦はロビーと結びついて認知されていたのです。いつもとは違う状況に対応できない父の姿を見て、私は「自閉症の子と一緒やなぁ」と感慨深かったのですが、普通はショックを受けるんですよね、きっと。老人保健施設では、父の名字を職員が間違えて呼ぶのが許せませんでした。何度修正しても間違えるのです。だから父もそこにいた間は攻撃性が増すとともに、どんどんと状態が悪くなっていきました。特別養護老人ホームでは状態が改善されて仲よしの友人もでき、二人で並んで座り大きな声で演歌を歌うのを楽しみにしていました。七年の間に身体機能が衰え、言語能力も衰えていきましたが、大好きな松林に囲まれて穏やかな日々を過ごすことができました。本人に合った場で本人の思いを尊重するのならば、認知症であったとしても穏やかで幸せな日々を送りうるのです。

今後は高齢者の求める生活も変化していきます。世界を旅し、転勤で各地を転々とする生活を送ってきた世代では、土地への執着は減っていきます。私も現在の自分の家への執着はありません。広すぎて掃除が面倒だくらいにしか感じていません。暁夫が成長途上の一六年間を過ごした家ですし、夫との思い出もたくさんある家ですが、私が子ども時代の一四年間を過ごした大阪の地に懐かしさを覚えていたのも三〇代まで。今はもうどうでもよくなっています。犬が好きなので犬が飼える家がいいけどなぁと思ってはいますが、それだって、いつまでそう思うかはわかりません。人生の集大成としての高齢期。成人期の役割を卒業し、たっぷりある時間を、私が本当にしたいことに向けられる貴重な時期になるかもしれないと思うとちょっとワクワクします。夫が病に倒れ亡くなった今、夫とともに高齢期を迎えられないことが残念でなりません。夫とは趣味も違うし行動パターンも違うのですが、このワクワク感を共感し合える人が身近にいなくなると思うと、本当にさびしいのです。喪失が早すぎるのはイヤ。死と向き合う準備ができていないのですから。

死とは「人びとの思い出に生きることだ」と言った人がいますが、家族にとっては、日々の細々としたことや喜びや怒りなどについて、語り合いともに生きていくことができなくなることが死なのです。そして思い出すと涙が出てしまうのが死なのです。ふと語りたいことが思い浮かんでも語る相手がいない、伴侶や友を喪失する過程でそうした現実を高齢者は生きていきます。たっぷりある時間を意味ある時間としていこうにも、手を携え道をともにする人びとがいないという現実に高齢者は向き合います。自分の人生を、思い出として思い出してくれる人がいないかもしれないという不安とも向き合っているのかもしれません。たっぷりある時間を意味あるものとして生き、自らの死を意味あることとして受け入れていくために、成人期に私たちは何をしていくのか、高齢者福祉は何を保障していく必要があるのか、夫の死と向き合ってみて今まで考えたことのなかった課題を考え始めています。

4章　発達を保障するために

本が読めて　字が書けて　僕もうれしい春

郁夫

1　発達の可能性が見えてきましたか？

人間が生まれて死ぬまでの道のりは、一人ひとり個性的なありようでありながらも、その時期その時期だからこそというストーリーの描き方をすることが理解されたでしょうか？　人間は、自分が意味を感じたことに向かって主体性を発揮しますが、主体性を発揮したからといって思い通りの自分になれるわけではありません。何が思い通りなのかも実際はよくわからないのです。だからしんどくなったり、つらくなったりしながらも、それでも何とか生きていきます。発達することはワクワクする楽しいことなのかというと、実はしんどさやつらさといったマイナス感情も伴う過程です。

それでは何のために発達を保障するのでしょうか？　発達はマイナスも含む過程には違いないのですが、実際は必要以上にマイナスを感じている人が多いと私は思っています。頭を床に打ちつけつづけていたたかちゃん。彼の求めていた、からだで実感できる楽しい活動が保障されていなかったから、彼は髪の毛がすり減るほど頭を打ちつづけざるを得ませんでした。彼が意味を感じたいと願っている自己変革の願いを踏まえて、彼が意味を感じうる取り組みを創造することが、発達を保障することなのです。保育室の騒音に耐えかねて遊戯室で保育士と二人で過ごしていたしょうちゃん。求めていたのは安心できる環境です。安心できるということは、やかましい騒音が聞こえにくい場が必要だというだけでなく、自分を受けとめてくれる人がいるということです。紐を振るしかなかったしょうちゃんに対して、もっと楽しい遊びに発展できないかとワクワクしながら保育士がつきあってくれたから、保育士を信頼し仲間にも目を向けるようになっていったのです。

障害のある子どもたちは、意味を感じて主体的になりたいと願っていても、なかなか意味を感じる活動と出会えません。それは彼らの受けとめうる世界が狭かったり、大人との関係の中でステキなこころのストーリーが描けていなかったりしているためです。彼らが意味を感じて世界を広げたくなるような実践を保障したい、それが私の出発点です。

障害のない子どもたちは、大人が求めたものに応える力量をもっているがゆえに、自分の求めていないものにも意味を見つけてがんばろうとします。だから、無理をしてしんどくなる子も出てきます。暁夫が四年生のときに、風呂の中で暁夫の腕に青じみを見つけました。誰かにつねられた跡のようです。「どうしたの？」と尋ねたら、クラスの子に下校途中でつねられたのだとか。「先生に言おうか？」と言うと「お母さん、かわいそうな子なんだよ。毎日塾とお稽古ごとで一日しか休みがないんだ」と犯人をかばうのです。ストレスがたまっているからといって暁夫をつねっていいわけがないのですから、「続くようだったら先生に言いなさいね、お母さんも言うから」と言い聞かせました。しばらく経って、「『つねるのやめて』とちゃんと言ったよ」と報告があり、腕の青じみもなくなっていましたが、友だちをつねらなくてはならないほどストレスになっていても、親は「子どものため」とがんばらせているし、子どももがんばってしまうのです。障害があれば表に出やすい「本人にとっての意味の見えにくさ」が、障害がないと隠れてしまうのです。

だから私たちは、子どもたちが意味を感じ、ステキなこころのストーリーを描きうるために、子どもたちの発達を踏まえていくのです。どの子もみんな発達の可能性をもっています。発達の芽を見る目をあなたはもっていますか？

2　発達は生活を通して具体化していく

「生活を変えれば子どもは変わる」ことを、私は障害幼児の幼児教室のボランティア活動を通してイヤというほど実感させられました。府営住宅の五階に暮らし、ほとんど外に出ることもなく生活していたときには、お兄さんの教科書を破ったりして大変だった子が、幼児教室で走り回り、トランポリンを跳んで活動しているうちに落ち着いてきて、椅子にも座るようになり、ブロックなどに集中して取り組むようになっていきました。専門家でもないボランティア学生が取り組んでいる幼児教室の取り組みでも子どもは変わるのです。なぜでしょうか？　家の中だけでは活動には制限があります。好きなように走り回ることも飛び跳ねることもできません。水遊びも制限されます。しかし、子どもに合った施設・設備があり、子どもの好きな活動があれば、子どもは意味を感じたことに主体的に取り組むことができるのです。子どもが意味を感じうる活動を保障された生活が、子どもの主体性を引き出すのです。そして子どもは幼児教室に通うことが楽しい見通しにつながると、幼児教室に通う日には朝から玄関で靴を履こうとするなど、生活の一つひとつのことに対しても積極的な姿を見せるようになっていきました。楽しい見通しが生活への主体的な取り組みを引き出したのです。

そして「生活を変えれば親も変わる」ことも私は実感してきました。説得では親は変わらないけれど、少し生活を変えてみるだけで親の気持ちは変化するものです。なかなか眠ってくれず、しかも夜中に起きだす子を抱えたお母さんはふらふらになっていました。どうしたらよいの？　思い余って保健所に電話したら「子どもを連れて親子教室においで」と誘われて、お父さんともどもやってきました。お母さんはしんどそうなのでゆっくりと休んでもらい、もっぱらお父さんと子どもに遊んでもらいました。教室の活動が楽しくて子どもはお父さんと生き生きと取り組みました。お母さんには「しんどいときは保育園の一時保育を利用したらいいよ」とアドバイスするとともに、「眠らなくても元気なら子どもは大丈夫だからね。お母さんのからだの方が大切だよ」とお話ししました。翌月に来たときにうかがうと、「寝なくてもいいんだと思ったら、その日から子どもが寝てくれるようになった」とおっしゃっていました。保健所の「親子教室」を利用してみることも、お母さんにとっては生活を変えてみることなのです。生活を少し変えてみると気持ちが変化し、お母さんの気持ちの変化を子どももキャッチして寝つけるようになっていくのです。こころがけで変わるのでなく、行動してみることでこころが変わっていくのです。

子どもの生活をそのままにしておいて、ことばや働きかけだけで子どもを変えようとしていませんか？　私たち大人だって、毎日遅くまで働かなくてはならない日々を過ごしていると怒りっぽくなりますよね。職場の上司が優しげにことばをかけてくると、下心があるのではと、かえってむかついたりしませんか？　ゆとりのある生活になれば、職場でも家庭でも優しく相手の思いを聴くことができます。大人の場合ですら生活のありようが私たちのこころのありようを規定してくるのですから、ましてがんばったりがまんしたりがしんどい子どもなのですから、指導方法を検討する前に、子どもの発達を保障する生活のあり方を考えることが大切です。

給食指導などでも、どうすれば嫌いなものを食べられるのかを検討する前に、食欲を感じうる生活があることが食事指導の基本ですよね。空腹を感じていない子どもに偏食指導をするのは至難の業です。食欲を感じられるように戸外での活動を増やしたり、自分たちで栽培したものを収穫して食べることに意味づけをしたりすることが先ですよね。仲間とともに楽しむ活動を通して仲間の働きかけにこころが向くようになれば、仲間が食べているものに関心を向けるようになります。カードで給食だと理解させるといった技術だけが一人歩きしがちですが、人間がおいしく食事を食べうる生活は誰にでも共通です。空腹であること、こころがつながっている人と食べること、自分の好きな食品があること、自分の手で育てた食品があることなどです。空腹になっていれば誰でも「食べる」ことを思い起こしています。だからカードも意味をもつので、まったく違うことを思い浮かべている子どもに無理やりカードを見せて、カードに合わせた行動をさせるのでは、主体性を尊重しているとは言えません。

一時間目に椅子に座ることを子どもに求める場合も、椅子に座ることが目的となり、椅子の位置や座る場所の目印をどうするかが検討されたりします。しかしなぜ椅子に座る必要があるのでしょうか。椅子に座ることよりも大切なのは、教師の話しに集中することや教師の提供する活動に関心を向けることです。椅子に座るのは、他の姿勢よりもより集中して取り組みやすい姿勢だからでしょう。だとしたら、問われるべきことは集中したくなる活動とはどのようなものかということです。魅力的な活動を提起することよりも小手先の技術を検討することに力が入っていませんか？　そして一時間目に集中しやすいからだとこころの状況になるには何が求められるのかを検討する必要があります。一時間目の前に教師との楽しい時間が保障されていますか？　家庭で朝ご飯をしっかりと食べられていなかったとしたら、教師の話しに集中することは困難です。家庭が悪いという意味ではなく、そうした状況も踏まえられるほどに家庭と教師の関係が深まっていれば、子どもが変わっていきうる取り組みが保障しやすくなるのです。

働きかけの前に日課や時間割を見直すことが本当は必要なのです。そして子どもが主体的になりうる活動を、子どもが主体的になりやすいように保障していくことが実践の最重要課題なのです。だから家庭と協力して子どもの生活を見直していく必要があるのです。

子どもが主体的になりうる生活とはどのようなものでしょうか。子どもも私たち大人も、一般的には昼間活動的になります。人間は昼行性の動物として発展してきました。朝夕は休息し昼間活動するという生活を何百万年前から続けてきました。昼間はからだが元気なのでいろいろなことに挑戦したくなります。発達への願いが前面に出てくるのです。元気なので新しい世界にも仲間にも目が向きます。だから新しいことに挑戦して自分を変えていくのも、通園施設や保育所や学校という活動の場に通うのも、通常は昼間になるのです。

そして元気だから自分の力を思う存分使いたいのに、力を発揮できる場がなく家に閉じ込もったりしていると、力の使い方がわからなくなって暴発したりしやすくなりますし、力の向けどころが見つからないと自分を叩いたり噛んだりしてしまうのです。昼間元気なときに力を発揮すると、子どもは自分もなかなかだなぁという充実感を感じます。そして自分のがんばりを仲間に認められることで役立つ自分を感じ、自信を身につけていきます。

一方、朝はまだ子どもはがんばれません。脳が十分に目覚めていないためにパワーが出にくいのです。夕方は疲れてくるのでパワーが出にくくなります。ですから朝夕は子どもは甘えん坊ですし、マイペースでだらしなくなります。それがからだの当たり前の姿です。ですから子どもは家庭でダメな情けない姿を出すのです。情けない甘えん坊。でもそうした「変われなさ」を受けとめられることで、子どもは「変われない、発達できずにマイナスを出す自分」を肯定できるのです。自分はダメでも愛されているという実感が、自己安定感につながります。発達の必然としてのマイナスを前向きに受けとめるための自己安定感です。この自己安定感と「自分もなかなかだ」と感じられる自己充実感が自己肯定感を保障していくのです。ところが親も同じく朝夕はパワーが出にくいため、子どもを見守る心のゆとりがなく、「早くしなさい！」とどなることも増えてきます。ダメだと叱られるストーリーを子どもが形成しやすくなるのですが、多くの場合は、子どもは寝る前などに親に甘えたり、病気のときに親に甘えることで、自己安定感をある程度はもちうるようになるのです。「ダメなあんたがかわいい」と抱きしめてくれる大人がいることが、子どもにとっては本当に大切なのです。早寝早起きも、マイペースな子どもを受けとめるこころの余裕を大人がもつために大切なので、「とにかく早く起こさねば」とか「とにかく早く寝させねば」ということではないのだと思います。就業形態が変化し夜中も働いている人が増え、二四時間のコンビニや夜一〇時まで開いているスーパーが必要になり、大人の生活も子どもの生活も夜型になりつつあります。人類の歴史の長さを考えれば、ここ一〇年あまりの生活の変貌は、人間の本性からすると無理な変化だと言えるでしょう。でも多くの家庭がそうした波に巻き込まれています。人間の本質から言えば早寝早起きが大切でしょうが、親にとっては就業生活が優先で当然です。家庭で過ごす時間帯に甘えん坊であることを安心して楽しめるために、それぞれの家庭で何を大切にするのか、園や学校では何を大切にしていくのか、そうした視点から家庭と園や学校が手をつなぐことが、子どもたちの発達の保障にとって欠かせないことになってきているのではないでしょうか。

3　生活を豊かにする活動を保障して

子どもが大人と自分を信頼できるストーリーを描くためには、自分を受けとめてもらうことが必要です。自分が受けとめられると感じられるためには、自分の好きなことやしたいことを受けとめられることが必要とされます。苦手なことだけを要求されると私たちはしんどさを感じ、苦手なことを要求してくる人が嫌いになります。

障害があると苦手を克服することが重視されがちですが、人間が主体的に自分を変えようと思えるのは、そこにステキなストーリーがあるときです。紐を振っているしょうちゃんに対して、紐振りを止めさせようとするのではなく、「新体操ゴッコ」というもっと楽しい紐振りを演出したから、しょうちゃんは保育士に心を向け、ともに遊ぶ仲間たちに目を向けていったのです。私は今の歳になってもまだ左右がしっかりとわからず、道を尋ねられて、手は右を指しながら「左に曲がって」などと教えてしまうことがあります。だからということもあるでしょうが、子どものときに自転車を何度も練習しましたが結局乗れず、もちろん車の運転など挑戦しようと思ったこともありません。そんな私が自転車に初めて乗れたのは二三歳のときで、新婚だった夫が「自転車に乗れると便利だよ」と乗り方を教えてくれたからです。「カッコ悪いしイヤや」という私に対して、「早起きして誰も見てないときに練習しよう」と、日頃寝坊なのに五時半に起きて練習をつきあってくれたから、私は乗れるようになりました。苦手なことも、夫の愛情というストーリーがあったから、私も前向きに練習できたのです。しょうちゃんも、好きなことを通して「保育士や仲間が好きだ」というこころのストーリーを描いたから、騒がしい保育室に友だちと一緒に入っていくことができるようになったのです。

好きなことを大切にされたり、自分が愛されているという実感が保障されると、人間は自分の苦手なことを乗り越えるパワーを得るのです。そうした見通しで子どもたちに活動を保障しましょう。一対一での取り組みでは、子どもには大人が思っている以上にプレッシャーがかかることも踏まえましょう。好きなことを大切にし、信頼関係の中で新しい挑戦をすることが求められます。集団生活では一対一ではないので、誰に照準を当てて活動を組むかが問われてきます。集団だから、子どもは視野も広げ、活動も広げていきます。子どもがまわりに目を向けるうえでは、最も力の弱い子どもが好きな活動を大切にして、その活動を集団が楽しんで広げうるためには何に取り組むのかが問われるのではないでしょうか。保育室では換気扇や扇風機などの回転するもののそばで、回転を見ているだけのように見えるよう君。誘ってもみんなの中には入ってきません。だったら、よう君の関心のあることをみんなで楽しい活動に切り換えていこうと、「扇風機ゴッコをしよう」と保育士を中心に回りだしたら、よう君も参加してきました。目を回さずに回りつづけるよう君を、子どもたちは「すごい、上手だぁ」と受けとめてくれます。そういう活動が朝にあることで、朝から「楽しいクラスで過ごしたい」というストーリーが、よう君の中に描かれたのでしょう。子どもの輪の中にいることが増えてきました。

ともすると指導者が用意した活動に子どもをどう参加させるかが問われがちですが、外れる子どもを中心に据え、外れる子どもが主体的になりうる活動を大切にして、子どもたちが楽しくつながりうる集団を形成することが、子どもたちの中に「今日も楽しかった」というストーリーを築くのではないでしょうか。子どもは、自分の中で進んだ安定した領域の力を使う活動が好きです。自閉症スペクトラムの子どもが図鑑が好きなのも、アバウトさのないカタログ的な知識が理解しやすいからでしょう。みんなと一緒が苦手な子が好きなことなのですから、みんなで楽しめばよいのです。みんなにしんどい子を合わさせようとするから大変なのです。しんどい子に力量のある子が合わせていくことが、人間として当然のことではないでしょうか。子どもに大人が歩調を合わせ、高齢者に若者が歩調を合わせるから、人間関係が成立するのですから。私は勉強のできる子でしたが、小学校時代に成績の悪い子の発想に驚かされたことが何度かありました。教科書に書いてあることをそのまま理解するのが得意な私にとって、思いつかないような発想をするからです。ある意味で尊敬していました。多面的にものごとを見てみることが科学の出発点なのですから、外れる子の発想を生かすことは学習のあり方としても大切なのではないでしょうか。

朝の活動においてこうした取り組みをすることで、子どもの気持ちは仲間と指導者に向きます。だから少し難しいことにもチャレンジするのです。人間関係が成立することから活動の幅が広がります。子どもたちに優れた文化を伝えていくことが学校の責務だとしても、関係が成立していないところでは教師の指導も入りにくいし、子ども同士の教え合いや学び合いも成立しにくくなります。日課を整理し、誰もが楽しいと感じうる時間を朝に保障したうえで、子どもたちにつけたい力は何か、そのことを通して子どもたちの中にどんなこころのストーリーを描いていくのかを問い直してみてください。

集団活動も、楽しさや広がりにつながるものと、苦しさやしんどさにつながるものがあります。楽しさは好きなことをともに楽しみ、共感し認められることで広がります。イヤなことを無理にがんばらされたり、みんなからバカにされたりすると苦しさやしんどさにつながります。初めはイヤだったことでも、よき終わりにつながるとイヤさを乗り越えたストーリーが形成されます。クラスにどんなストーリーを形成するのか、学年で学校全体でどのようなストーリーを形成するのか、行事のあり方や学校経営のあり方とも関わって、きたんなく語り合えることが大切なのです。管理職のトップダウンが重視されがちですが、管理職のリーダーシップは重要ですが、それは子どもの実態を踏まえ、職員が協力しながら実践を構築し、子どもが変わっていく喜びを語り合える職場づくりに向けてのリーダーシップであってほしいものです。

4　地域を変革する見通しをもって

子どもも親も生活を通して変わっていきます。子どもと親が自分の中にステキなストーリーを形成しうる生活になっているでしょうか。子どもに障害があるとわかったら、暗いことしか思い浮かばない生活になってはいませんか。障害があっても子どもはかわいい。変化への可能性に満ちあふれています。変わりにくく見える子どもであったとしても、その子がいるからという生活の輝きがあります。夫を失ってみて初めて、存在しているから感じられる生活の輝きがあることを実感し、子どもを亡くした親の方たちの喪失感の大きさにもやっと思いが至るようになりました。

我が子に障害があるから描くことのできるストーリーもあるのですが、そのことに気づくのには時間がかかります。だから日々のしんどさをなるべく軽減し、子どものかわいさを実感できる機会を広げていくことが求められるのです。通える場があること、そこで同じような立場の親と語り合えること、同年代の人たちが楽しむおしゃれやレクリエーションが楽しめる機会があることなどが若い親にとっては大切です。あなたの地域には、そうしたことを保障できる条件がありますか？　子どもが学校に喜んで通ってくれること、友だちができて遊びに来てくれること、親の手を離れて世界を広げていってくれていることを実感できる条件がありますか？　それでなくても若い人たちの就職が厳しいのに、障害があったらなおのこと、就職だけでなく、就職した後の人間関係や労働密度で傷ついてしまってはいないでしょうか。若者を支える条件が保障されていますか？

発達を保障するためには、地域に目を向けて、子どもの発達の土壌を耕すことが求められます。でもそれはしんどい作業です。保育士だけでも教師だけでも親だけでもがんばれません。職員たちも労働条件が厳しくなり、忙しさに振り回されています。親も生活だけで精一杯という状況に追い込まれたりしています。だから、みんなでなぜこんなにしんどいのかを学び考え合い、手をつないで地域を変えていくことが必要とされるのです。このしんどさの根源は何？　先生のせいでも親のせいでも、まして子どものせいでもない、生活や仕事のしんどさは、同時代を生きているみんなに共通したものです。だから手を携えて、一人の願いをみんなの願いとして大切にして、地域を変え、そして社会を変えていきたいものです。成人期の発達課題の一つは、次世代を育成することです。次世代を育成することは次世代につながる私たちの世代のつながりをつくり、地域を育成し次世代がステキなストーリーを描くことのできる社会を育成することです。一人ではがんばれない。だからみんなで子どものがんばりに共感し合いながら、しなやかに連帯の輪を広げていきたいものです。

成果主義や効率主義など職場集団を解体するような動きが急速に進んでいることも事実です。教育現場でも福祉現場でも、正規職員よりも嘱託雇用や期限付き雇用の職員が増えていて、職員同士が共同しにくくなり繁忙化も進み、地域に目を向ける余裕などない。その通りでしょう。でも何から何まであなたががんばる必要はありません。地域には手をつなぎたがっている保健師などの他職種の人も親もいます。あなたが気がつかないだけです。職場だけの暮らしをしていると世界が狭くなるために、自分や自分のまわりの人を傷つけてしまいがちになります。世界が狭い子どもが自傷をしてしまうのと同じような状態が大人の世界にも生じてきます。夫婦間で、教師と親の間で、自分のしんどさを相手のせいにしたくなるこころが働きます。それはしんどいですよね。

子どもが世界を広げることで新たな世界を見つけるのと同じように、私たち大人も世界を広げてみると新たなものが見えてきます。私も職場だけでなく、全障研をはじめとしてさまざまな人たちと学び合い、障害者運動に取り組むことで、特に若いお母さんたちの変わっていくスピードの速さに感動させられ、人間ってすごいな、捨てたものじゃないなと実感し、それが私の強さとなっています。夫は中年期の課題として職場や専門の分野とは異なる領域の友人をつくることに取り組み、たくさんの山のお友だちを得て、紀行文を四冊と写真集を二冊、自費出版で出してしまいました。世界を広げてみると新たな地平が見えてきて、ワクワク感が生活に戻ってきます。だから職場が少しぐらいしんどくても前向きに生活を築くことができるのです。

そして運動に関わり、人びとが変化していくすばらしさを体験したり、新たな友人関係の中で自分の世界を見直す機会を得ることで、職場の問題を考えるときも、より客観的に検討することが可能になります。一人ひとりの力がより有効に発揮されるためには共同で取り組む活動を大切にすることや、そのことで子どもや学生や親が変わっていくこと、喜んでくれることを実感することが、さらにがんばりを生んでいくのだと当たり前のことにあらためて気づくのです。無理に運動に取り組むのではなく、新たな出会いや人びとの変化のすばらしさを実感する大切な機会としてチャレンジしてください。仕事以外のことは通常は楽しくなければ続きませんし、仕事もしんどさの中にやりがいや楽しさを見出せるから、しんどくてもがんばっていけるのです。

あなたは一人ではありません。職場で孤立しているように見えても、世界を広げてみれば、あなたを必要としている人が必ずいます。あなたも変わることができるのです。あなたが意味を感じうることに向かって主体的に挑戦するのならば。あなたとともに手を携えたいと願っている人があなたのそばにいます。視野を広げて見回すならば見つけることができます。この本がその糧になってくれたら、これ以上の喜びはありません。

おわりに

道光る　立ちどまる　光の輪の中に歩みゆく

郁夫

「『発達の芽をみつめて』の続編を書き下ろしで書いてみませんか？」という連絡が全障研出版部からあったのは四月末だったでしょうか。夫の肺に新たに大きなガンができているとわかり、五月後半から放射線治療を開始するという方針が決まったころではないかと思います。新学部ができたばかりで忙しいことや、教職員組合の活動も課題が多く大変だったうえに、夫のこともあったので「そんな気持ちになれないから」と回答を保留させてもらいました。六月いっぱいで肺の放射線治療が一段落したと思ったら、今度は脳に転移が発見され、直径六センチ大という腫瘍を手術することが決まった七月の初めに、再度出版部からお話がありました。最もしんどくて心が乱れていたときだったので、このときも回答は保留しました。八月の全障研全国大会の後にもプッシュがあり、迷いながらもOKして夏休みに書き始めました。夫の病状の関係で職場以外の講演は極力お断りしていて、夫の見舞い以外にする仕事が少なかったこと、何もしないでいるとかえってつらいかなと思ったことなどが、お引き受けするきっかけでした。

『発達の芽をみつめて』を書いたころは、私は三〇代の終わりでした。大学教員生活というか研究者生活に迷いも出始めていたころです。在外研修で研究者としての区切りはある程度つけることができました。大人の問題はいざ知らず、子どもの発達に関してはある程度見えてきた時期に本を書いたのです。私の四〇代は、一九九四年に保育合研を、一九九五年に全障研全国大会を続けて主催し、それぞれに一万人、五五〇〇人の参加者を動員したことに象徴されるように、ただひたすら保育運動と障害者運動に明け暮れ、多くの父母を組織した日々でした。暁夫が二〇歳になったのを区切りに親子三人で『保育園っ子が二〇歳になるまで』（ひとなる書房）という本を出し、子育てにも区切りをつけて二〇世紀を終えました。二一世紀に入り、学外の仕事もこなしつつ、学生部長六年、教職員組合委員長三年と職場に貢献しつつ、父の死とそして夫の病気と死につきあってきたのが五〇代です。

人生の迷いを吹っ切って父母を組織した一〇年があり、その後の死や病気と向き合った一〇年を踏まえて、大人の発達、そしてマイナスを含む過程としての発達を、前著よりは考えられたのだと自負していますがどうでしょうか？　出版部からは「郁夫さんへのラブレターになるものを」と励まされましたが、果たしてラブレターになっているでしょうか。夫は宗教書とともに、私たち夫婦の大学の大先輩に当たり、ガン患者としても夫の先輩になる立命館大学の高垣忠一郎さんの『自己肯定感って、なんやろう？』（かもがわ出版）をベッドサイドに置いて愛読していました。「自己肯定感」ということばが一人歩きしている現在の状況を踏まえて、発達という観点から「自己肯定感」についても考えてみました。老いて、病んで、「できなくなること」をたくさん抱えることになったとき、「そんな自分であってもいいのだ」と言えるのはどのような人なのでしょうか。簡単ではないですよね。障害が重くて幼くして亡くなる子どももいますが、子どもは成長期だけに、生きようとするエネルギーが大きいと思いますが、障害が重い人が高齢期を迎えたときや高齢になって障害を受けた人は、からだの衰えゆえに生きるエネルギーが減少するのではないかと思います。今の自分にはまだ重すぎる課題です。次に書けるときがあるとしたら、いったいいつのことでしょうね。

若いときと同じようには学生とワイワイやれない最近の私。保健所で出会うお母さんたちのことはお嫁さんのような気持ちでかわいいと思えるのに、学生だとどうしてそう思えないのかなぁと不思議です。学生は「直ちゃん」と慕ってくれるのですが、暁夫よりも幼い世代だと思うと、なんかズレを感じてしまうのです。かわいいと思えるためには、彼らを理解する手がかりが必要なのかもしれません。でも本当はそうではないかもしれません。実は父母をかわいくないと思った時期もあるからです。自分の気持ちが乳幼児期の障害児の支援から少し離れて、心理学者としての思いが先に立っていたときには、保健所へ行くのが億劫だと思ったこともありました。

現在の私は、自分の職場を学生たちや卒業生が真に愛してくれる大学、障害者運動に関わっていく若き後継者たちを育てる大学にしたいという思いが誰よりも強く、そのことに気持ちが向いているがゆえに、学生との個々の関わりよりも職場づくりにエネルギーを注ごうとしています。自分が意味を見出していることに主体的になるからこそ、学生のことが少しおろそかになっているのでしょうね。六〇歳を区切りにして職場を辞めて、障害者運動に専念したいと実は思っていました。エネルギッシュと言われる私でも、少しずつ無理が効かなくなっているのでしょう。自分がしたいことにより力を注ぎたいのです。今のところ諸々の事情で六〇歳では辞めることはできなくなってしまいました。

こうして迷いながら生きていくのが人生なのでしょう。

愛する暁夫へ。お母ちゃんは、エネルギッシュで迷わず生きているように見えて、一〇年単位で見ると実はこれでも迷ったり葛藤もしてるんやで。それが発達するということだから。いわゆる発達心理学的研究はしてないけれど、人びとの生きて発達している現実から学ぶことはたくさんあります。だからこれからも人間の発達について考えていきたいと思っています。いつまでも本の材料に使ってごめんなさい。あなたがいるおかげで、郁夫のいない日々も前向きに進むことができました。本当にありがとう。

あわてんぼうの郁夫さんへ。職場に戻って学生と語り合いたい、それがあなたの生きるエネルギー。私よりも教師らしい教師。あなたが病気を生きていることが、私にとってもそして学生たちにとっても豊かな学びとなったのは、あなたの教師魂のおかげだと感謝していました。穏やかな郁夫さんらしくガンとケンカせず、なあなあでガンとなれ合ってボチボチと過ごしてほしかったのに、早々と逝ってしまってホンマどうしたんや！ 間に合わなかったけれど、私からの結婚三五周年記念のプレゼントです。山に向かってお供えします。雲の向こうで読んでみてください。

御池岳、青のドリーネに佇む近藤郁夫さん

近藤直子（こんどう　なおこ）
1950年、東京生まれ、大阪育ち。
日本福祉大学子ども発達学部教授。
全国障害者問題研究会愛知支部長。
おもな著書
『ぐんぐん伸びろ発達の芽』（全障研出版部）
『「育てにくい」と感じたら
　—親・保育者のための子育て応援BOOK』（ひとなる書房）
『自分を好きになる力
　—豊かな発達保障をめざして』（クリエイツかもがわ）

本書をお買い上げいただいた方で、視覚障害等により活字を読むことが困難な方のために、テキストデータを準備しています。
ご希望の方は、下記の「全国障害者問題研究会出版部」までお問い合わせください。

続　発達の芽をみつめて
かけがえのない「こころのストーリー」

2009年4月20日　初版第1刷発行
2015年4月20日　　　第7刷発行

＊定価はカバーに表示してあります

著　者　近　藤　直　子

発行所　全国障害者問題研究会出版部
〒169-0051　東京都新宿区西早稲田2-15-10
西早稲田関口ビル4F
Tel. 03（5285）2601
Fax. 03（5285）2603
http://www.nginet.or.jp/
印刷　マルコー企画印刷

ISBN978-4-88134-704-1